무위무불위

無爲無不爲

無爲無不爲

무위무불위

DO NOTHING & DO EVERYTHING

노자가 던지는 33가지 질문과 그 답을 찾아가는 여정

자오치광(趙啓光) 지음 | 이희옥·강애리 옮김

성균관대학교
출판부

이 책의 집필을 마무리할 무렵 어머니가 돌아가셨다. 물리학 교수이자 시인, 운동선수였지만, 나에게는 그 누구보다 훌륭했던 어머니셨다. 갑자기 삶과 죽음이란 문제가 수업시간에 펼쳐지는 이론적 논의가 아니라 실제 삶의 도전으로 다가왔다. 삶이 우리에게 말해주는 것을 그대로 이해하기는 너무나 어렵다. 불공평하고 말이 안 되기도 한다. 삶은 우리에게 주어지고, 또 그 삶은 우리의 허락을 받지 않고 사라질 수도 있다. 나를 아껴주시던 어머니가 돌아가셨을 때, 삶과 죽음의 퍼즐을 이해해야 한다는 느낌이 들었다.

우리는 언제 죽을지 그리고 어떻게 죽을지를 선택할 수 없지만, 어떻게 삶을 살아갈 것인지는 결정할 수 있다. 그것은 바로 지금 이 순간이다. 우리는 내일이 아닌 오늘에 대해 최선을 다해 살아야 한다. 영원은 죽음 뒤에 펼쳐지는 것이 아니라 우리 삶 자체의 모든 시간으로 확장된다. 우리는 그 영원 속에 있다. 우리가 스스로의 삶을 제어하려는 노력을 포기하면 이를 실현할 수 있다. 달빛이 눈 위를 비추고 행성은 별 주위를 돌며, 블랙홀은 모든 별들을 빨아들인다. 우리는 이러한 거대한 현상에 영향을 줄 수 없다. 우리 삶은 마치 바다의 물방울들이 거대한 태양을 반사하는 것과 같이 우주의 한 일부이다. 우리는 태양의 궤도를 바꿀 수 없고, 삶의 모든 것들을 선택할 수도 없다. 그렇기 때문에 고통을 받아들이고 기쁨을 소중히 여기며 현재의 삶에 감사해야 한다.

요즘 많은 사람들이 삶에 최선을 다하지 않고, 그들의 삶의 20퍼센트 정도만 사는 것에 그치는 경우가 많다. 얻기 힘든 바로 그 20퍼센트가 사실 진짜 성공과 실패의 기준을 정한다. 나머지 80퍼센트는 노력 없이도 얻을 수 있다. 자연의 섭리를 따른다면, 삶이 당신에게 보상해 줄 것이다. 집과 일터 사이에는 수없이 많은, 작은 행복의 순간들이 있다. 당신에게서 도망가는 작은 다람쥐, 떨어지는 빗줄기 그리고 당신에게 인사하는 낯선 사람 등, 모든 것에 관심을 기울여 보자. 그렇다면 삶 속에서 행복을 발견할 수 있을 것이다. 당신은 아무것도 하지 않아도 모든 것을 이룰 수 있다.

무위(無爲)와 무불위(無不爲)는 인생이라는 전쟁의 두 날개와 같다. 살아가는 데 있어 저항하면 구속으로 느껴진다. 저항하는 인생이 아닌 무위와 무불위를 실현하는 인생을 추구해야 한다. 무위를 실현하기 위해서는 용기가 필요하고, 무위를 통해 자유로워질 수 있다. 편안하게 대응하면 그뿐이다. 걱정하거나 망설일 필요가 없다. 느긋하게 해변에 앉아 있는 것은 무위요, 용감하게 바다 속에서 헤엄치는 것은 무불위이다. 무위와 무불위 사이에 넘지 말아야 할 벽은 없다. 이 두 영역을 걱정과 망설임 없이 오갈 수만 있다면 그것이 바로 자유로운 존재다.

결코 벽을 넘는 것을 망설이지 말자. 다른 사람의 생각에 신경 쓰지 말자. 자연의 부름을 듣고 스스로를 위해 행동하자. 인생의 마지막 순간이 다가왔을 때, 오직 '삶의 길이'만 살았다는 것을 발견하고 싶지는 않을 것이다. 우리는 '삶의 넓이' 또한 살아야 한다. 그렇게 함으로써 이 세상을 떠날 때 "이것을 하지 않았어" 또는 "이것을 잘못했어"가 아닌 "나는 아무것도 후회하지 않는다. 나는 아무것도 하지 않았다. 나는 모든 것을 했다. 나는 행복한 손님으로 이제 떠난다"라고 말할 수 있을 것이다.

들어가는 말 • 5

글머리에 • 10

1. 현대 도교의 선언 • 13

2. 제자백가(諸子百家)와 하나의 도 • 18

3. 편안하게 생각하고 조심할 것 • 23

4. 마음은 편히 가지되, 진심으로 대하라 • 27

5. 무위(無爲) • 31

6. 무불위(無不爲) • 40

7. 우주와 우리 • 47

8. 반(反): 돌아감 • 55

9. 이름 • 62

10. 공허함 • 64

11. 물 • 67

12. 냉정 • 72

13. 고요함과 건강 • 81

14. 음식 • 85

15. 수면 • 93

16. 호흡 • 99

17. 학문 • 105

18. 정의로움 • 117

19. 일과 휴식 • 121

20. 명분과 이익 • 128

21. 아름다움 • 138

22. 사랑 • 152

23. 음양합일(交互) • 158

24. 이상 • 165

25. 비상 • 173

26. 세상에서의 무위 • 182

27. 산책 • 186

28. 태극권: 무위 • 191

29. 태극검: 무불위 • 200

30. 행복 • 208

31. 후회하지 않기 • 218

32. 장수 • 224

33. 삶과 죽음 • 228

부록 1 홍위병이 문을 두드릴 때 • 241

부록 2 아름다움을 위해 죽은 하이즈(海子)를 기억하며 • 246

감사의 말 • 253

한국어판 추천사 • 257

역자의 말 • 265

주석 • 287

이 책은 내가 1997년부터 가르쳤던 '도가적 방식의 건강과 장수: 태극권과 다른 형태들(The Taoist Way of Health and Longevity: Tai Chi and Othe Forms)'이라는 수업 내용에 기초한 것이다. 여섯 명으로 시작했던 이 수업은 2006년에는 60명이 수강했으며, 바로 칼턴대학(Carleton College)에서 가장 인기 있는 수업 중 하나가 되었다. 이 수업을 통해 학생들과 도가의 고요하고 신비로운 세계에 함께 빠져들었다. 노자(老子)와 함께 초록색 소를 타면서 한구관(函谷關, 중국 허난성 북서부 관문)을 통과했고, 장자(莊子)와 함께 강둑에서 물고기를 보았다. 또한 열자(列子)와 바람 위를 달렸고, 장산펑(張三豊)과 캐논강에서 태극권을 선보였다. 우리는 200년 후, 전설 속의 대황산(大荒山)에서 만나기로 약속했다.

캠퍼스 내 호숫가에서 학생들과 어울려 지냈다. 세대와 문화 차이는 고대의 거대한 철학가들 앞에서 사라졌고, 우리는 수업 암호로 『도덕경』의 첫 문장을 사용했다. 어느 학생이 "도는 바로……"라고 하면, 두 번째 학생이 "……영원한 도가 아니다"라고 대답했다. 이어서 "이름을 지을 수 있는 이름은……"이라고 하면, 다음 학생이 "……영원한 이름이 아니다"라고 답한다. 이들이 200년 후에 만났을 때 서로를 알아볼 수는 없어도, 아마 이 암호를 통해 서로를 확인할 수 있을 것이다.

어느 해 마지막 수업 날, 몇몇 학생들이 호숫가에서 물에 대한 도가의 사랑을 보여주고자 태극권을 선보였다. 비록 교과서는 영어

도를 발견할 수 있는 곳이 어딘지 알려주실 수 있나요?

였지만 미국인 학생들도 도가를 잘 이해했다. 이 일로 나는 도가사상이 문화와 언어의 장벽을 넘나드는 힘을 가지고 있다고 믿었다. 도가는 발생한 곳에 국한되지 않고 누구나 공부하면 이해할 수 있으며, 그 본질에 접근하면 영감과 건강, 장수를 얻을 수 있다.

이 책에서는 중국어 단어인 도가, 노자, 공자, 태극권 등과 같은 중요한 단어는 이미 영어의 일부가 된 만큼 고대 한자로 표기했다. 장자, 열자, 그리고 항우 등 덜 친숙한 단어와 용어들은 현대 중국어 표기법을 사용했다. 과거와 현재의 단어를 섞어 사용한 것은 지난 50년 동안 중국의 급격한 문화적 변화를 반영하고 있다. 모든 노자의 인용구는 별도 표기가 없다면, 첸(Ellen M. Chen)의 『도덕경: 새로운 해석(Tao Te Ching: A New Translation with Commentary)』[1]에서 발췌해 사용했다.

현대 도교의 선언

학생: 선생님은 도교 신자입니까?

자오치광(저자): 아니다. 고대 도교 철학자들과 그들의 업적은 고대의 역사이다. 나는 도교에 영향을 받기는 했지만, 아무런 제약 없이 정신적 자유를 누리고 있다.

학생: 실용 신도교란 무엇입니까?

자오치광: 실용 신도교는 고대 도교 사상을 발굴하고 유교사상과 불교 사상 등 다른 이론들을 넓게 수용한 종합 현대과학으로 현대인의 고민을 해결하는 것이다. 즉 잠을 자고 잠에서 깬 사이, 삶과 죽음 사이, 과거-현재-미래의 사이, 그리고 무위와 무불위 사이의 정신 상태에 대한 비밀을 드러내고자 한다.

무위(無爲)와 무불위(無不爲)는 현대인의 삶의 어려움에 대한 해결책이다. 우리는 시간의 존재와 그 중요성에 대해 질문한다. 무(無)는 "아니라는 것, 부정"이고 위(爲)는 "행하는 것, 행동"을 의미한다. 따라서 무위(無爲)는 "아무것도 행하지 않는" 것이다. 무불위(無不爲)는 "무엇이든 행하는 것"으로 해석할 수 있다. 왜냐하면 "아니다, 않다"를 의미하는 불(不)이 부정을 나타내는 무(無)와 만나 이중부정이 되기 때문이다. 무불위(無不爲)에서 불(不)과 무(無)는 서로 상쇄되어 위(爲)의 의미만 강조된 채 "무엇이든지 행한다"라거나 "행하지 않은 것이 없다"는 뜻으로 해석할 수 있다.

무위(無爲)는 무엇인가를 애써 하지 않는 것으로, 자연 법칙이나 우주의 운행법칙을 따르는 것이다. 모든 것은 우주에서 자연스럽게 일어난다. 만약 이를 따른다면, 자연의 경이로움이 당신 주변에서 항상 일어날 것이다. 즉, 무위는 지혜이자 습관이다. 당신이 스스로에게 "나는 너를 믿는다. 하고 싶은 대로 해보라"고 말을 건다면, 삶은 항상 경이로움을 선물해 줄 것이다.

무불위(無不爲)는 자연스럽게 일이 일어나도록 하는 좋은 습관을 들이는 과정이다. 우리가 모든 삶의 기본적인 문제를 해결해야만 하는 것은 아니다. 그저 수학자들이 문제를 풀기 위해 만들어 놓은 방정식에 따라 문제를 푸는 것처럼 좋은 습관을 따라갈 뿐이다.

무위(無爲)는 일종의 겸손이다. 겸손은 모든 사람들이 그들만의 이상이 있고 모든 것에는 그 주인이 있으며, 자연과 사회에는 그들

나름의 규칙이 있다는 것을 아는 것이다. 무불위(無不爲)는 바로 이러한 규칙에서 자유로울 수 있는 용기이다. 무위(無爲)는 모든 것이 순리대로 이루어지는 즐거움을 아는 것이다. 이것은 아무것도 행하지 않는다는 것이 아니라, 중요하지 않은 것을 행하지 않는다는 것, 즉 효율을 의미한다. 무위는 무불위의 전제조건이다. 무위(無爲)는 부차적 문제보다 중요한 문제에 초점을 맞춘다. 무위(無爲)해야만 무불위(無不爲)에 도달할 수 있다.

무위는 건강한 삶을 유지하는 비법이다. 초조함을 내려놓아야만 건강한 심신으로 모든 일을 할 수 있다. 우리는 다른 사람의 생각을 존중하지만 전부를 받아들일 수는 없고, 다른 사람의 관점을 인정하지만 자신만의 생각을 가지고 있다. 우리는 고개를 들고 하늘을 바라보면서, 별과 우리 자신을 비교한다. 우리는 다른 이의 불행을 즐기지도, 성공을 질투하지도 않는다.

현대인과 고대인의 만남

우리는 고독하다. 생각하고 느끼고 행동할 때, 우리 자신을 세상으로부터 격리시킨다. 우리 밖의 세상에 대해 말하고, 이를 통해 듣고 관찰하고 참여하기도 하지만, 밀려드는 파도 사이에 솟아 있는 절벽처럼 도(道)를 그 중심에 놓는다. 우리 주변이 바다의 물결이나 폭풍우처럼 요동쳐도 우리의 절벽은 계속 높은 곳에 있을 것이며, 더 높게 솟아날 것이다.

우리는 몸을 통해 사고하지만, 몸도 정신에 의해 움직여진다. 몸을 일정하게 움직일 경우, 몸은 신호를 보낸다. 이는 일종의 생리적 반응이다. 이를 통해 정신을 우주의 모습에 더 가깝게 한다. 초현실적 세계를 만들어 구름 속에서 날고, 무지개를 탈 수 있다. 세상은 삶에 접근하는 새로운 아이디어와 접근법을 너무 오랫동안 기다려왔다. 새롭게 정립된 방식으로 마음을 진정시키고 강건하게 되길 바라며 언어를 초월해 사람들이 소통할 수 있는 새로운 방법을 만들고자 한다.

우리는 애써 책을 이해하려고 하는 학자가 아니라 지식을 삶에 적용하려는 예술가이다. 나는 고대 세계와 우리의 삶 사이에 사라져버린 연결고리를 만들어보고자 한다. 엘리트 학문의 가시덤불과 천박한 문예 기법의 숲을 지나, 그동안 잊혀져왔던 평온한 세계를 감상해보자. 특정한 사람, 계급이나 국가와 같은 집단에 대한 사랑이 아닌 궁극의 아름답고 보편적인 넓은 의미의 사랑을 찾아보자. 이러한 종류의 사랑이 세상의 어려움에 맞설 수 있도록 이끌고 일깨워

줄 것이다. 그리고 건강하고 조화로운 사고방식과 생활방식, 처세술, 생존방식도 갖출 수 있게 해 줄 것이다.

우리는 어떻게 쉬고 아무것도 행하지 않는지 알고 있다. 왜냐하면 아무것도 하지 않아도 별들은 지구에서 멀리 떨어진 곳에서 여전히 반짝이고, 지구는 하루 종일 정해진 궤도에서 돌고 있기 때문이다. 우주가 하듯 우리도 할 수 있다. 우리가 우주의 찰나의 순간에 있기 때문에 애쓰지 않아도 모든 것을 행할 수 있다.

제자백가(諸子百家)와 하나의 도

유가사상(덕, 인의, 예절을 강조)이 주도하는 문화권에서는 사상가들이 스스로 각자의 목소리를 내고 공감을 얻었다. 우리는 그가 한 사람인지, 여러 사람인지 확실히는 알 수 없다. 심지어 『도덕경』도 여러 사람이 집필했을 수 있다고 보기도 한다. 그러나 중요한 것은 셰익스피어처럼 『도덕경』의 저자가 누구인가를 밝히는 것보다 그 내용 자체이다. 전해오는 바에 따르면, 노자가 말을 거꾸로 타고 한구관을 나설 때, 문지기가 그에게 『도덕경』을 집필해 그의 철학사상을 기록하도록 간곡하게 요청했다고 한다.

장자(莊子)는 기원전 4세기 사람으로 유가사상을 반대하고 노자를 추종한 사람이었다. 그는 당대의 유가사상과 묵가사상을 글로 풍자했다. 노자와 장자는 모두 도가사상의 아버지로 평가받고 있다. 열자(列子)도 대표적 도가사상가의 한 사람이고, 그의 가르침은 장자와 유사하다. 그는 전국초기(기원전 476-221년) 사람으로 추정되지만, 현존하는 그의 저작들은 이후 학자들의 사상과 문장에서 나타났다.

공자(기원전 551-479년)는 도덕적으로 정치적으로 중국의 사상에 지대한 영향을 미쳤다. 전국시기에 맹자(기원전 372-289년)는 공자 사상을 발전시키고 체계화시켰다. 한나라 시기(기원전 206 - 서기 220년) 유가사상은 공식적으로 국가의 도덕적, 정치적 원칙이 되었고, 유가사상의 전통이 확대되어 '학자'라는 말이 '유학자'와 동일시되기도 했다. 공자는 도에 대해 자주 설파했지만 노자와 장자의 도와는 완전히 다른 개념이었다. 공자는 노자와 노자의 사상을 깊이 생각했지만, 많은 부분에서 도가사상과는 반대의 위상을 가지고 있었다. 유가사상의 8대 원칙은 효(孝), 제(悌), 충(忠), 신(信), 예(禮), 의(義), 염(廉), 치(恥)이다. 이 중에서도 특히 '예(禮)'와 '의(義)'를 강조했다. 이 점도 도가사상과는 차이가 있는 부분이다. 『논어』 학이(學而)편에는 다음과 같은 내용이 있다.

배우고 수시로 익히면 기쁘지 않겠는가.

벗이 먼 곳으로부터 찾아온다면 즐겁지 않겠는가?

남이 알아주지 않더라도 서운해 하지 않는다면

군자(君子)답지 않겠는가.[2]

이를 노자와 비교해보자.

배우지 말라. 그러면 근심이 없을 것이다.
그렇고 그렇지 않음을 나누지 말라.
선과 악을 갈라놓지 말라.
사람이 두려워해야 할 것은 이런 것들이다.
사람들이 매달리는 허황됨이 한이 없구나.[3]

노자와 장자 사이에는 200년, 그리고 장자와 지금까지는 2천 년이 넘는 시간 차이가 있다. 우리는 장자가 노자의 물음에 답했듯이, 장자의 물음에 답하기 위해 모였다.

만약 우리가 아니면, 누가 주도하겠는가.
만약 우리가 원하지 않는다면, 누가 원하는가.
우리는 2천여 년 전의 목소리를 들었다.
우리는 1만여 미터나 떨어진 깃발을 보았다.
우리는 모두 목적지 없이 떠돈다.
우리는 균형을 이루려고 하고, 무엇이 인생에서 중요한지를 찾아낸다.

나는 아버지가 문화대혁명 시기에 자주 읊던 재미있는 시를 배운 적이 있다. 이 시의 몇 줄은 경극(京劇)에서 따왔는데, 칼을 든 도적이 길 가던 영웅을 멈춰 세운 뒤 고함치는 부분이다.

내가 이 길을 만들었고
내가 이 나무를 키웠네.
앞으로 이 길을 지나가려면
내게 통행료를 내야 해.
내 말을 듣지 않으면
네 손을 단칼에 벨 것이다.

영웅은 그 도적을 조롱했다. "네게 돈을 주고 싶지만, 두 친구가
동의하지 않는다"고 말했다. 도적이 "어떤 친구들이냐?"고 물었다.
영웅은 오른쪽 주먹을 들고 "여기 첫 번째 친구라네"라고 하고 다시
왼쪽 주먹을 들고는 "여기 내 두 번째 친구라네"라고 말했다. "아,
야!" 도적이 소리를 지르며 영웅에게 달려들었다. 그들은 격렬하
게 싸웠지만 결국 영웅이 이겼다.

우리 인생에서도 두 사람의 친구를 모두 가질 수 있다. 바로 공
자와 노자다. 이 중 단 한 명만을 좇는 것은 우리 스스로를 불완전하
게 만드는 것이다. 우리는 현실을 좇을 수도 있고 영적인 것을 추구
할 수도 있다. 그리고 깨어 있으면서도 동시에 꿈꿀 수 있다. 지향성
과 무지향성 사이, 행하는 것과 행하지 않는 것 사이에서 균형을 찾
을 수 있다.

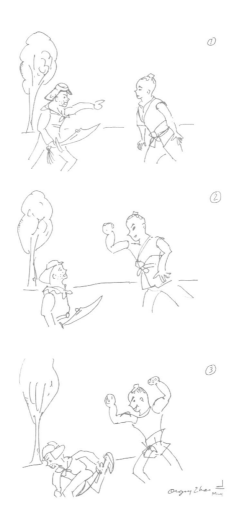

무위무불위

편안하게 생각하고
조심할 것

유가사상과 도가사상은 사회적 압박에 대해 정반대의 태도를 보인다. 유가사상이 사회적 관계와 행위를 고려한다면, 도가사상은 보다 개인적이고 근심 걱정이 없으며 자연에서 크게 영향을 받는다.

나는 미국인들이 사용하는 표현에서 이러한 서로 다른 태도가 반영된 것을 찾게 되었다. 두 가지 표현 모두 '안녕(Good-bye)'이라는 의미이지만, 각각 유가사상과 도가사상의 인생철학을 담고 있었다. 1980년대 초, 대학원에 입학하기 위해 미국에 왔을 때, 미국인들은 안녕을 중국 교과서의 '안녕(Good-bye)'과는 다르게 표현했다. 중국의 모든 학교에서는 정통 영국식 영어를 가르쳤다. 내 기억에 '안녕(Good-bye)'을 표현하는 몇 가지 방식이 있었다. 여기에는 '안녕, 잘 가(Cheerio)'와 '다시 만날 때까지 잘 지내(Farewell until we meet again)'도 포함되어 있었다.

미국에서 첫 수업을 마친 후 교수님께 중국 교과서에서 배운 대로 '다시 만날 때까지 잘 지내세요(Farewell until we meet again)'라고 말했다. 그러자 그는 웃으면서 '쉬엄쉬엄 해, 마음 편히 가져(Take it easy, 여기에서는 '안녕, 잘 가'의 의미)'라고 했다. 이 말을 곧이곧대로 들은 나는 내가 수업시간에 긴장하고 있는 것처럼 비쳤다고 생각했다. 그래서 다음 시간부터는 긴장을 풀기 위해 노력했고 심지어 다른 학생들의 발표를 끊거나 내 생각과 의견을 대담하게 말하기도 했다. 수업을 마친 후 다시 교수님께 인사를 했다. 이때 교수님의 인사말을 추측해보라. 그는 '몸조심해(Take care, 여기에서는 '안녕'의 의미)'라고 했다. '마음 편히 가지라'는 인사 대신에 '몸조심해'라고 한 것이다. 나는 교수님이 내가 진지하지 못한 점을 타이르는 것으로 생각했다. 그 후 나는 지나치게 편하게 생각해왔다는 것을 알고 행동을 조심하게 되었다.

이러한 에피소드를 몇 차례나 겪은 후에야 나는 미국에서 "Take it easy", "Take care"이 충고나 경고가 아니라 단순히 헤어질 때 격식을 따지지 않고 쓰는 '안녕'의 의미라는 점을 알게 되었다. 지금도 이 말을 들을 때면, 미국에 처음 왔을 때가 떠올라 웃음이 난다. 이러한 두 가지 표현은 또한 공자와 노자의 서로 다른 태도를 보여주고 있다. 유가사상가들은 '조심해(Take care)'라고 하고, 도가사상가들은 '마음 편히 가져(Take it easy)'라고 말할 것이기 때문이다.

노자는 사람들에게 인간의 욕망에서 벗어나, 자연의 본질로 돌아가라고 충고했다. 반면 공자는 책을 읽는 과정을 통해 선악(善惡), 미추(美醜), 고저(高低), '존재함'과 '존재하지 않음'을 구별할 수 있다고 생각했다. 반면 노자는 배움을 포기하는 것이 평판, 구별, 취향 그리고 욕망을 버리는 것이라 했다. 이것은 결국 행하지 않는 것 또는 자연스러운 행동(無爲)을 의미하며, 이를 통해 정신적 자유를 얻을 수 있다는 것이다. 공자가 세상을 살아가는 방식은 '조심해(Take care)'이다. 즉 말과 행동을 각별히 조심하라고 말하지만, 노자의 방식은 '마음 편히 가져(Take it easy)', 즉 무위자연이다. 공자가 미래를 걱정할 때, 노자는 현재의 조화로움을 즐기라고 말한다. 공자는 생명과 명예를 중요하게 생각한다. 인생이라는 산을 오르는 과정에서, 유가사상가들은 영광을 향해 가는 길에는 항상 장애물이 있기 때문에 '조심해'라고 경고하고 있다.

도가사상가들은 생로병사는 자연스럽다고 생각한다. 내부에서 자연스럽게 일어나는 느낌을 받아들이고 어떠한 욕망도 억제하지 않으며, 명예와 이익을 위해 자신을 재촉하지 않는다. 그들은 인생이란 길을 한가롭게 거닐면서, 인생에서 느낄 수 있는 모든 즐거움에 집중한다. 왜냐하면 개인의 명예나 이익을 추구하지 않기 때문이다. 평판과 이익은 일시적인 것일 뿐, 결코 영원하지 않다. 인생이란 산을 올라가면서 석양으로 하늘이 붉게 물드는 것을 보고 '마음 편히 가져'라고 말한다.

마음을 편히 가지고, 풍경을 감상하라. 배가 뒤집히지 않도록 조심해라.

마음은 편히 가지되,
진심으로 대하라

유가사상의 영향을 받은 도가사상가들은 '마음은 편히 가지되, 진심으로 대하라'라고 말한다. 만약 유가사상가처럼 신중하게 행동할 수 없고, 그렇다고 도가사상가처럼 마음을 편히 가지지 못한다면 마음은 편히 가지되 진심으로 대하면 된다. 이는 우리가 말하고 있는 무위(無爲), 무불위(無不爲)와 그 의미가 비슷하다. 무위(無爲)는 수동적으로 아무것도 하지 않는다는 것이 아니라, 아무것도 애써 하지 않는 것이다. 마치 대나무 그림자가 풀밭을 지나더라도 먼지 한 티끌조차 쓸어가지 못하고, 달빛이 늪지를 가로질러 가더라도 아무런 흔적을 남기지 않는 것과 같다. 중국 고사성어 '순수추주(順水推舟)'라는 말은 물이 흐르는 방향으로 배를 밀라는 뜻인데, 흘러가는 상황에 따라 행하면 유리한 형세를 타게 된다는 뜻이다.

순수추주(順水推舟), 물이 흐르는 방향으로 배를 밀어라.

미국의 레이건(Ronald Reagan) 대통령은 처음으로 자신의 연설에서 노자를 인용했다. "큰 나라를 다스리는 것은 마치 작은 물고기를 삶는 것과 같다"[4]라고 말했다. 즉, 작은 물고기를 요리할 때 지나치게 자주 뒤집거나 오랫동안 굽지 말라는 뜻이다. 그는 자유시장의 보수사상을 경제발전의 동력으로 삼았고, 이런 생각을 국제정치에 대한 접근방식에 반영했다. 레이건 대통령은 소련을 붕괴시킨 사람으로 평가되기도 한다. 영화배우 같은 어투로 "고르바초프 선생, 그 벽을 무너뜨립시다!"라고 했던 일은 아직도 회자된다. 이후 베를린 장벽과 '철의 장막'이 허물어지면서 미국은 초강대국이 되었다. 서방국가들은 모두 "잘했어, 로니(Well done, big Ronny!)"라고 외쳤다.

무위무불위

여기서 로니는 누구인가. 마술사? 솔로몬? 진시황제? 그는 어떤 마법을 통해 '악의 제국(Evil of Empire)'의 색깔을 바꾸었는가. 어떤 지혜로 이러한 존경을 받게 되었는가. 어떤 힘을 가졌기에 이른바 천하무적의 상대를 물리칠 수 있었는가.

레이건 대통령을 따르는 사람들은 '악의 제국'이 갑자기 몰락한 이유를 설명할 수도 없고, 레이건 대통령이 이 과정에서 어떤 기여를 했는지 밝혀내기도 어렵다. 레이건이 소련을 꾀어 군비경쟁에 끌어들였고, 그 결과 소련의 경제발전이 후퇴했다고 추론할 수 있을 뿐이다. 레이건이 주중 오후에 골프를 치면서 한가롭게 시간을 보내고 있을 때, 여섯 시간 시차가 있는 소련은 서서히 붕괴되고 있었다. 사실 미국과 소련 간 군비경쟁은 레이건과 고르바초프가 등장하기 이전인 40년 전부터 있어 왔고, 모든 미국 대통령들은 소련과의 경쟁에서 이기고자 했다. 40년 동안 해왔던 일이었기 때문에 소련을 특별히 꾈 필요가 없었던 것이다.

소련은 스스로의 무게에 눌려 무너졌다. 레이건 대통령의 마법과 지혜 그리고 그의 힘은 무위(無爲), 즉 아무것도 하지 않은 것이었다. 레이건은 소련 붕괴과정에서 아무것도 하지 않았다. 소련은 그들 내부 문제로 스스로 붕괴한 것일 뿐이었다. 레이건은 그저 물고기가 천천히 익을 때까지 냄비에 내버려 두었을 뿐이었다.

레이건이 아무것도 하지 않았다는 평가는 그의 명예를 조금도 훼손시키지 않는다. 오히려 미국은 레이건 대통령에게 감사해야 한다. 만약 그가 소련을 침공하는 등 무엇인가를 했다면, 소련은 아마 적어도 얼마간 더 유지되었을 것이다. 나폴레옹과 히틀러도 무력공격으로 러시아를 정복할 수 없다는 것을 깨달았다. 그들의 공격은 오히려 러시아를 점점 강하게 만들었다. 헌법상 권력분립 원칙에 따라 미국 대통령의 힘은 국내적으로는 제한적이지만, 최고사령관으로서 국제정치적으로는 거의 무한한 권한을 가지고 있다. 만약 대통령으로서 치적을 남기고자 했거나, 군사력을 시험해 보고자 했다면, 분명히 침공하고자 했을 것이다. 강한 힘을 가지고 있는 지도자들의 비극은 아무것도 하지 않은 채 기다리는 것을 모를 때 생겨난다.

우리는 자주 불편한 조건이나 상황과 마주한다. 그러나 이런 불편한 상황들은 오히려 우리에게 기회를 준다. 또한 세상은 우리가 이해하고 있는 것보다 복잡하기 때문에 어떤 상황이 어떤 의미를 주는지를 알지 못할 때도 있다. 우리가 확신하지 못할 때, 가장 좋은 전략은 상황을 받아들이고 물 흐르듯 따라가는 것이다. 노자는 "화는 복에 기대어 있고 복은 그 속에 화가 엎드려 있다"[5]라고 했다. 불확실한 상황, 즉 이러지도 저러지도 못하는 위기상황에서 먼저 행동하기보다는 현실을 받아들이고 상황을 역전시킬 수 있는 돌파구를 찾아내려고 해야 한다. 만약 효과가 있다면 행복해질 것이고, 실패하더라고 잘못된 결정 때문에 설상가상의 상황에 처하지는 않을 것이다.

무위(無爲)

무위(無爲)는 도교의 기본 개념이다. '무(無)'는 '없음/아님'을 의미하며 '위(爲)'는 '무엇인가를 하거나 이루는 것'이다. 무위를 직역하면 행동하지 않는 것이다. 왜 무위를 행해야 하는가. 그리고 만약 아무것도 하지 않아야 한다면 무엇을 해야 하는가.

무위는 자연의 섭리대로 행하는 것이다. 모든 일이 인생에서의 목표를 실현하기 위한 것이 아님을 깨닫고 걱정의 굴레에서 벗어나는 것이다. 목표보다 과정이 더욱 아름답다는 것을 깨달음으로써 자기 자신에게 더욱 너그러워지는 것이다. 아무런 행동도 하지 않는다는 것은 일종의 습관이다. 이 습관이 당신의 삶을 이끌어 나갈 것이다. 우리는 매일 매순간을 전부 결정할 수는 없다. 지금 일어나야 하는지 7시 반에 일어나야 하는지, 담배를 피워야 하는지 말아야 하는

지, 낙관주의자가 되어야 하는지 걱정하며 살아야 하는지 등을 결정할 수 없는 것과 같다. 그러나 습관이 생기면 매시간, 매일, 매주, 매년 해야 하는 행동에서 벗어날 수 있다. 애초에 모든 문제를 풀 필요가 없기 때문이다. 해야 하는가, 말아야 하는가의 문제를 고민할 필요가 없다. 하는 것이 이미 습관이 되어 있기 때문이다. 지금까지 만들어온 수만 가지의 좋은 습관들을 매번 새롭게 하거나, 좋은 습관을 만들기 위해 힘들게 고민하지는 않았다. 왜냐하면 좋은 습관이 있으면 그 무엇에도 야단법석을 떨 필요가 없기 때문이다. 참새는 힘을 들이지 않고 푸른 하늘로 날아간다. 참새는 수백 개의 근육이 움직이지만 근육 하나하나에 대해 생각할 필요가 없다. 너무도 자연

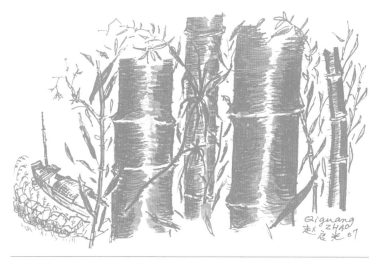

무위를 통해 우리는 저절로 많은 것을 이룰 수 있고, 무위의 좋은 습관을 익힐 수 있다. 마치 폭풍우를 헤치고 조용한 항구에 정박해 있는 작은 배처럼 말이다.

무위무불위

스럽고 평화로워 노력할 필요조차 없는 좋은 습관이기 때문이다. 마치 대나무가 개울 근처에서 자라고 강에 배가 떠다니며 구름이 하늘에 떠다니듯이 말이다.

무위는 자주 오해를 받는다. 오늘날 중국에서 도가를 신봉하느냐고 물어보면 가끔씩 "무위에 관한 철학, 왜 그런 허송세월하는 철학을 믿느냐"라고 되묻기도 한다. 그러나 무위는 소극적으로 아무것도 하지 않는 것이 아니라 언제 행해야 하는지와 하지 말아야 하는지를 아는 것이다. 이것은 아무것도 행하지 않는 것을 하는 것이라는 역설을 포함한다. 무위의 목표는 도를 따르는 상태에 도달하는 것이며 결과적으로 충분하고 보이지 않는 완벽한 힘을 얻는 것이다.

"그러므로 성인은 한 편에 서는 일이 없으며 말 하나에 붙들리는 일이 없다. 만물을 만들고도 그것을 자신이 시작하도록 했다고 말하지 않고 잘 살게 해주고도 그것을 자신의 것이라 여기지 않으며 무슨 일을 하든지 자랑하는 일이 없다. 공을 이루어도 그 공에 머무르지 않는다. 머무르지 않기 때문에 그 공이 그에게서 떠나지 않는다."[6] 무리하지 않고 적절한 시기에 하는 것이 성공의 열쇠다. 도가사상은 세상이 그 나름의 방식으로 조화롭게 운행되고 있음을 아는 것이다. 인간이 자신의 의지를 이 자연스러운 운행과정에 관철시키려고 하면, 이는 곧 현존하는 조화로움을 방해하는 것이다. 이것은 의지를 행사하면 안 된다는 것을 의미하는 것이 아니라 자연의 섭리에 따라 언제 어떻게 행동을 해야 하는지를 아는 것이다.

무위는 행동에 있어 게으름이나 정신의 둔함을 의미하는 것이 아니라 도를 따르려는 경각심과 결단력을 의미한다. 무위를 이해하는 방법의 하나는 나라를 다스리는 방법에 대한 노자의 말을 이해하는 것이다. 그는 마치 생선을 굽듯이 나라를 다스리라고 충고한다. 즉 너무 자주 뒤집으면 생선이 망가지기 때문이다.

> 배운다는 것은 날로 앎을 늘려감이요
> 도를 닦는다는 것은 날로 앎을 덜어내는 일이다.
> 덜어내고 또 덜어내어 더 덜어낼 수 없는데(無爲)까지 이르면,
> 하려고 하지 않아도 모든 것이 절로 이루어진다.
> 세상을 다스림을 항상 무위로서 해야 하나니
> 유의로 하게 되면 세상을 다스릴 수 없게 된다.[7]

(『도덕경』 48장)

우리는 배움을 통해 많은 것들을 습득한다. 그러나 도가사상은 버리는 법을 가르친다. 태어났을 때부터 자연으로부터 분리되는 많은 것들을 배워왔고 부와 명예와 같은 사소한 것들을 걱정한다. 지금 우리는 최초의 상태, 즉 본질로 돌아가야 한다. 다시 아이로 돌아가 이런 방해물들을 잊어버리는 것이다. "케세라세라(que sera sera, 될 대로 되라)." 우리는 순리를 따르고자 한다. 이것이 무위다.

무위를 선택하면 흐름에 맞서기보다는 자신을 비우고 순리의 흐

름에 몸을 맡기게 된다. 무위는 아무것도 안 하는 것도, 사물이 발전하는 자연법칙까지 멈추게 하는 것을 의미하지는 않는다. 오히려 자연법칙에 따라 자연스러운 변화에 대항하거나 저항하지 않는 것을 말한다. 물이나 빈 배와 같이 형태도 없고 이름도 없다. 단순히 그 존재 자체로 아무 행동도 하지 않는다. 우주가 우리에게 던져주는 도전을 받아들여야 하며 동시에 목적을 실현하고 자신을 내려놓으면서 스스로 해야 할 것들을 한다. 무위를 통해 모든 것을 이룰 수 있다. 무위는 자연스러운 행동이다. 장자는 이런 존재방식을 소요(逍遙) 혹은 목적 없는 방랑이라고 했다. 그것은 게으름이나 단순한 수동성으로 간주할 수 없다. 오히려 자연과 함께하는 것 또는 흐름에 따라 흘러가는 것이다. '순기자연(順其自然)', 즉 '자연에 맡겨라, 케세라세라'라는 의미의 사자성어와 "Go with the flow(흐름에 맡기다)"라는 영어 표현이 도가의 기본 원칙에 가깝다.

아마 중국 역사상 가장 번성하고 풍족했던 시기는 군주의 자비심과 근검으로 유명했던 문제(文帝)와 경제(景帝)가 지배하던 한나라 시대(기원전 180-141년)일 것이다. 문제와 경제는 노역을 줄이고 세금을 낮추었고 백성과 국가경쟁력을 발전시키는 정책들을 채택했다. 이를 통해 사회적 평화와 정치적 안정을 유지했다. 문제와 경제의 정치이론은 도가사상의 영향을 받았다. 이는 문제의 아내이자 경제의 어머니인 효문(孝文)황후 덕분이다. 안타깝게도 그녀의 손자인 무제가 즉위할 무렵 세상을 떠나 그 시기를 끝으로 도가사상의 영향력도 막을 내렸다. 문제와 경제의 집권 시기는 중국 역사상 황금시대라고 평가받을 정도로 특별한 시기였다. 나라 전체가 풍족했고 재물이 산만큼 쌓였다. 동전을 묶고 있던 줄들이 썩고 끊어져 많은 동전들이 곳간의 곡물과 함께 쏟아져 내렸다. 중국 역사상 그 어떠한 황제도 이와 비슷한 평화와 번영을 실현하지는 못했다. 문제와 경제 그리고 효문황후는 이를 무위를 통해 이루었다.

다른 황제들은 무엇인가를 너무 많이 하는 게 문제였다. 진시황 (기원전 221-206년)이 그 예다. 중국을 하나로 통일한 뒤에도 만리장성을 포함해 엄청난 자금과 인력이 소모되는 건축 사업을 추진했다. 그는 지하에 8,000개의 병마용과 자신의 묘를 만들었고 남아 있던 거의 모든 책과 460명에 달하는 학자들을 산 채로 불태워 죽였다. 아무것도 하지 않은 것으로는 만족하지 못했다. 그러나 이러한 대공사와 전란은 민중에게 큰 짐이 되었다. 중국 역사상 가장 강력하다고 평가받는 진나라 시기는 진시황이 죽자 막을 내렸다. 이 기간은 겨우 15년밖에 되지 않았다. 진시황의 문제점은 아무것도 하지 않는 것을 하지 못했다는 것이었다. 진시황의 힘과 욕망이 합쳐진 강력한 불길은 그의 제국을 잿더미로 만들어버렸다. 그가 어리석고 무능한 군주이거나 게을러 나라를 망친 군주였다고 말하려는 것이 아니라 언제쯤 멈춰야 했는지 알았어야 했다는 것이다.

불행 중 다행으로 우리는 대부분 황제와 같은 힘을 가지고 있지 않다. 그러나 각자의 영역에서 무위의 황제가 될 수 있다. 더 이상 세상의 사소한 일로 심란해지지 말고 날마다 물과 자연처럼 자유롭게 지내보자. 천천히, 부지런히 강해져 거대한 급류와 소용돌이에도 겁내지 말자. 창문 옆에 차분히 앉아 수평선에 떠다니는 구름이나 떨어지는 나뭇잎, 피어나는 꽃들과 오고 가는 계절을 바라보자. 그렇게 하면 우리의 영역에 평화를 가져왔다고 말할 수 있다. 비록 우리의 영역은 작고 힘은 한정되어 있지만, 한정된 힘으로 한정된 영역을 누린다면 우리의 공간을 만들 수 있다. 평화는 안녕과 행복의 가장 중요한 조건이다. 모든 사람이 자기 안에서 평화를 찾는다면 모든 곳에 평화가 나타날 것이다.

이 세상의 모든 사람들은 생활에 잠식당하고 있다. 사람들은 어쩔 수 없이 성과를 목적으로 삼고, 때로는 불합리하게 행동하기도 한다. 심지어 벼랑 끝으로 내몰려 선택을 강요당하기도 한다. 결정하지 않는다면 우리의 세계가 무너질 것이라고 생각하지만, 사실 그 결정은 맞을 수도 있고 틀릴 수도 있다. 그 결정이 옳았는지는 후에 결과가 밝혀져야 알 수 있다. 따라서 걱정을 버리고 평온함을 유지해보는 것이 더 나은 선택이다. 때때로 노자는 '되다(爲)'라는 동사를 '무위(無爲)' 앞에 붙여서 사용하기도 한다.

행함은 억지로 행함이 없어야 하고,

일을 벌여놓는 것이 없어야 하고,

맛은 담박하여 아무 맛도 없어야 한다.

작은 것을 크게 생각하고,

적은 것을 많게 여기고,

원한은 덕으로 갚아야 한다.

세상의 어려운 일은 쉬운 일에서 생겨나고,

세상의 큰일은 사소한 일에서 생겨난다.[8]

(『도덕경』 63장)

아무것도 하지 않는다는 것은 어렵다. 현상을 유지하는 것은 변화를 만드는 것만큼이나 어렵다. 현상을 유지하기 위해, 그대로 있

모든 사람의 마음에 평화가 깃들면 온 세상에 평화가 올 것이다.

무위무불위

기 위해서는 노력이 필요하다. 이것은 사람과 별을 포함한 모든 것에 해당되는 진실이다.

항성이 밀집하면 파울리의 배타원리(Pauli's Exclusion Principle)에 따라 밀어내는 힘이 끌어당기는 힘보다 작아진다. 노벨상 수상자인 천체물리학자 찬드라세카르(Chandrasekhar)는 백색왜성[9]이 가질 수 있는 최대질량으로 태양 질량의 약 1.44배를 제시했는데, 이 질량을 '찬드라세카르의 한계'라고 한다. 이 한계보다 무거운 질량을 가진 별은 자신의 중력을 견디지 못하고 수축하여 중성자별이나 블랙홀로 변하게 된다.

항성이 자신의 중력에 버티는 것과 같이 현재 상태를 유지하기는 매우 힘들다. 겉으로 드러난 '무위'에는 사실 꾸준한 '유위'가 담겨 있다. 이것이 바로 노자의 '위무위(爲無爲)', 즉 '아무것도 행하지 않는 것도 행하는 것')를 말한다. '위무위'도 역시 하나의 '위', 즉 '행하는 것'으로 볼 수 있다. 이것은 항성이 자신의 인력을 유지하는 것과 같다. 한 사람이 장수하거나, 인류가 환경을 보호하려는 것 역시 '위'로 볼 수 있다. 많은 사람들은 자기 스스로를 지탱하지 못하고, 도박, 마약, 담배로 자기 자신을 망가뜨린다. 건강한 삶을 유지하는 것도 곧 '무위'와 '무불위'이다. 나쁜 습관을 고치는 것은 좋은 습관을 기르는 것만큼 힘들다.

무불위(無不爲)

도가사상은 소극적인 철학이 아니라 오히려 모험을 강조한다. 모험 그 자체를 즐기지만 목표를 실현했는가 여부는 크게 관심을 두지 않는다.

> 도는 하고자 함이 없으나 이루지 않는 것이 없다.
> 왕이 도를 따라 이렇게 한다면 세상은 스스로 교화될 것이다.
> 교화되고 있는데도 무엇을 더 이루려고 한다면
> 드러남이 없는 박으로 눌러야 할 것이다.
> 드러남이 없는 박은 아무것도 함이 없는 무욕(無慾)을 말한다.
> 무욕으로 아무것도 하려고 하지 않는다면
> 천하는 저절로 안정될 것이다.[10]

(『도덕경』 37장)

배운다는 것은 날로 앎을 늘려감이요,

도를 닦는다는 것은 날로 앎을 덜어내는 일이다.

덜어내고 또 덜어내어 더 덜어낼 수 없는데 무위까지 이르면,

하려고 하지 않아도 모든 것이 절로 이루어진다.

세상을 다스림을 항상 무위로서 해야 하나니

유위로 하게 되면 세상을 다스릴 수 없게 된다.[11]

(『도덕경』 48장)

앞서 무위에 관해 말할 때 『도덕경』 48장을 언급했듯이 사실 무위는 그렇게 간단하지 않다. 『도덕경』 37장과 48장에서 노자는 무위와 무불위를 번갈아 사용했다. 무불위는 무위의 결과이다. 이것은 노자의 말과 같이, 아무것도 하지 않으면 모든 것이 잘 해결될 것이라는 의미이다.

그러나 노자는 무위와 무불위 사이에 접속사 '이(而)'를 붙였다. 이것은 주로 '그러나' 또는 '그리고'로 해석될 뿐, '따라서', '이로 인해'로 해석되지는 않는다. 무위와 무불위는 대등한 관계일 뿐, 인과관계는 아니다. 노자는 2,500년 전부터 '무위'와 '무불위'라는 중요한 메시지를 새겨들으라고 말해왔다. 이것은 신념뿐 아니라 삶에서의 역할도 바꾼다. 우리는 무위를 통해 '모든 것들이 알아서 되도록' 기다리는 소극적 존재가 아니라 적극적인 인생의 주체이다. 무위와 무불위를 통해 아무것도 하지 않거나 동시에 모든 것을 할 수 있다.

절벽에 앉아 장기를 두는 것이 무위이며, 하늘을 빙빙 날면서 장기를 두는 것이 무불위다.

'무위'와 '위', 즉 행하지 않는 것과 행하는 것에는 도(道)가 내포되어 있다. 우리는 무위를 통해 무불위를 이룬다. 사람들은 도를 따르고 도는 자연을 따르기 때문에 자연에 대항하는 아무것도 하지 않아야 한다. 무불위를 이해하고 싶다면 물리학의 불확실성 원리(Uncertainty Principle)를 생각해 보자. 스티븐 호킹에 의하면, 우주의 전체 에너지는 0이다. 우주의 물질은 양의 에너지로 구성되어 있지만, 모든 물질은 만유인력으로 서로 끌어당기고 있다. 만유인력의 장은 음의 에너지를 포함하고 있는데, 이 음의 만유인력은 양의 에너지를 상쇄시켜 전체 우주의 에너지를 0으로 만든다. 0의 두 배도

0이다. 우주는 양의 에너지인 물질과 음의 에너지인 만유인력 모두 동시에 늘릴 수 있지만, 총량의 합이 0이라는 점은 변치 않는다. 우주가 팽창하면서 그 부피는 커지고 양의 에너지와 음의 에너지도 커지지만, 결국 총량은 그대로 0이다. 천체물리학자 구스(Alan Guth)가 "모든 사람들이 공짜 점심은 없다고 하지만, 우주는 공짜 점심이다" 라고 한 말은 노자의 말과 일맥상통한다. "만물은 음양으로 존재하고 생명(沖氣)으로 조화를 이룬다."[12]

양의 에너지와 음의 에너지가 상쇄되지만, 무위와 무불위의 경계는 모호하다. 불확실성 원리에 따르면 영원히 입자의 위치와 속도를 정확히 파악할 수 없다. 만약 위치와 속도 중에서 어느 하나를 정확히 안다고 할 때, 그 나머지 하나에 대한 불확실성은 더욱 커진다. 절대적 '무(無)'와 부정은 존재할 수 없고 '위(爲)'와 '불위(不爲)'의 영

'무위'와 '무불위'에 대한 우리의 인식

역에서 '무위'와 '무불위'의 경계도 모호하다. 우리는 무위와 무불위, 유용과 무용 사이에서 헤매고 있을 뿐이다.

장자는 숲속을 거닐다 나뭇잎이 많이 달린 나무를 보았다. 나무꾼들이 그 나무만 베지 않고 남겨두었다. 장자는 나무꾼들에게 그 이유를 물었다. 나무꾼들이 대답했다. "그 나무는 쓸모가 없어요." 장자는 말했다. "이 나무는 쓸모가 없어서 끝까지 살아남았구나."

장자는 산을 떠나 친구의 집에 머물렀다. 친구는 그를 보고 기뻐하며 아이에게 거위를 잡아오라고 말했다. 그 아이가 물었다. "한 거위는 울 줄 알고 다른 거위는 울 줄 모르는데 어느 놈을 죽여야 합니까?"라고 하자 친구는 "울지 못하는 놈을 죽여라"고 했다.

다음날 제자가 장자에게 물었다. "최근에 쓸모가 없어서 살아남은 나무를 봤습니다. 그러나 지금은 쓸모가 없어 죽는 거위를 봤습니다. 유용함과 무용함 중에서 무엇을 선택해야 합니까?" 장자가 웃으며 말했다. "나는 유용함과 무용함 사이에 있을 것이다. 이렇게 하는 것이 유용해 보이지만 무용하고, 우리는 이 선택의 짐도 피할 수 없다. 그러나 도를 따라 표류한다면 다르다. 거기엔 칭찬도 없고 비난도 없다. 때에 따라 용이 되기도 하도 뱀이 되기도 한다. 때와 함께 변화하면서 한 가지를 오로지 고집하는 것을 기꺼워하지 않는다. 한 번 하늘 높이 올라가고 한 번 땅속으로 내려감에 조화로움을 수단으로 삼아 만물의 시초에 자유롭게 노닌다. 또, 만물(萬物)을 만물로 존재하게 하면서도 스스로는 물(物)에 의해 규정

되지 않으니 어떤 물(物)이 번거롭게 할 수 있겠는가."[13]

우리는 무위, 행하지 않는 것에 대해 말해 왔다. 약한 채로 있거나 낮은 자세로 있는 것이다. 때가 되면 주저하지 않고 또한 높이 나아간다. 그러나 그것이 아주 일시적이라는 것을 알아야 한다. 당신의 삶은 성공할 수도 실패할 수도 있다. 그러나 흐름에 순응하면 성공과 실패는 중요한 일이 아니다. 당신의 목적은 스스로 우주의 일부라는 것을 깨닫는 것이기 때문이다. 로마 시대 전쟁에서 이긴 장군이 성대한 개선행진을 할 때, 바로 뒤에 노예 한 명을 세워놓았다. 그 노예의 임무는 장군에게 다음과 같은 말을 하는 것이었다. "뒤를 돌아보라, 지금은 여기 있지만 그대 또한 인간에 지나지 않는다. 그

"이 나무는 쓸모가 없어서 끝까지 살아남았구나."

대 또한 죽어야 한다는 사실을 명심하라(Respice post te! Hominem te esse memento! Memento mori!)"라고 말이다.

스티븐 호킹의 불확실성 이론에 따르면 우리 삶에서 통제할 수 있는 것은 많지 않다. 우리는 우주를 통제할 수 없기 때문에, 무위, 즉 아무것도 하지 않는다. 우주를 통제할 수 없기 때문에 순수하게 그것을 취미로 삼을 수 있다. 지구는 움직이지만 우리는 그 움직임을 느끼지 못한다. 아무것도 하지 않지만 모든 것을 하고 있다. 우리 생활공간을 신전이라고 했을 때, 이는 무위와 무불위라는 두 개의 독립된 기둥으로 지탱된다. 이 신전이 둘 중 하나로만 지탱한다고 말할 수 없다. "오늘 내가 아무것도 안했기 때문에 내일 모든 것을 할 것이다"고 말할 수는 없다. 우리는 무위와 무불위의 모호한 경계, 즉 모든 것을 다 할 수 있는 것과 아무것도 못하는 사이의 공간에서 살아가고 있다. 이진법은 0과 1을 왔다 갔다 하듯이, 우리는 무위와 무불위를 왔다 갔다 한다. 무위와 무불위 사이에 가상의 벽을 만들고 이를 넘나들기는 어렵다. 왜냐하면 불확실성의 원리를 따르지 않기 때문이다.

무위와 무불위의 관계는 인과관계가 아니다. 무위를 택하든, 무불위를 택하든 그 결과는 같다. 마지막에는 우주의 모든 것들은 끝난다. 우리가 목표를 이루더라도 그것을 소유할 수 없고 계획했던 대로 되지 않을 수도 있다. 우리의 기대는 우리를 져버릴 수도 있고 모든 것이 다 행해졌을 때에는 모든 노력들도 자연의 논리에 따라 사라질 뿐이다.

우주와 우리

우주 전체를 통틀어 가장 웅장하고 아름다운 것은 우주 그 자체다. 별이 빛나는 하늘을 보자. 얼마나 아름다운가. 우주는 크고 우리는 너무나 작다. 우리가 작기 때문에 우리가 마주한 문제들은 하찮아서 언급할 가치도 없다. 하늘 가득한 별들이 우리를 과거, 현재, 미래 그 어떠한 시간도 아닌 삶과 죽음의 시간을 넘어간 시공간으로 데려가게 두자. 우주의 화려한 모습이 곧 우주 그 자체다.

햄릿은 "인류는 얼마나 놀라운 작품인가. 이성은 얼마나 고귀하며 능력은 또 얼마나 무한한가. 움직임은 얼마나 함축적이고 그 모습은 얼마나 감탄을 자아내는가. 행동은 마치 천사와 같고 깨달음은 신과 같다"라고 말했다. 그리고 이는 바로 그가 미친 이유이다. 그는 인류가 세상보다 위대하다고 생각했다. 그의 생각은 그의 능력 밖을

세상에서 아름다운 것은 세상 그 자체

넘어섰다. 자기중심적인 사람들은 세상으로부터 벌을 받을 수 있다.

어느 누가 인류가 위대하다고 했는가. 새? 개미? 아니면 원숭이? 심지어 고양이조차도 이런 생각에 동의하지 않을 것이다. 오랜 시간 인간에게 길들여진 개들만 인간이 세상의 아름다움이며, 만물의 영장이라는 말에 동의할지도 모른다. 오직 개들만이 우리를 숭배하고, 셰익스피어의 시나 되는 것처럼 이해하고자 할 것이다. 만약 가장 친한 친구들이 당신을 우주에서 가장 아름답다고 한다면, 그 말을 믿지 말기 바란다. 내가 말하고자 하는 것은 인류만 보지 말라는 것이다. 우주의 웅장함과 아름다움을 발견하라. 햄릿이 하늘을 "하

가장 친한 벗들이 그렇게 생각해도 우리는 세상의 중심이 아니다.

나의 웅장하고 아름다운 장막에 황금색 별들로 장식한 천장"이라고
이야기했듯이 말이다.

많은 사람들은 세상의 아름답고 눈부신 모습들을 무시하며 살
아간다. 햄릿은 이 세상과 인류의 아름다움을 알았다. 그러나 문제
는 점점 복잡하게 생각해 그 이상의 깨달음을 얻지 못한 것이다. 햄
릿으로 대표되는 르네상스 휴머니즘은 중세에 신이 위치했던 우주
의 중심에 인간을 두었다. 인류는 "해야 하는 것과 하지 말아야 하는
것"의 짐을 지게 되었다. 즉 "죽느냐, 사느냐"의 문제에 마주하게 되
었다. 도가사상에서는 시공간의 위대함에 비해 우리가 가진 모든 문

제들은 매우 작다고 본다. 자기 자신이 얼마나 작은지 깨닫는다면, 자신이 신이 아님을 알게 될 것이고, 그런 압력에서 벗어난다면 명예와 이익에 대한 어떠한 환상도 없어질 것이다. 그리고 이내 우주를 자유롭게 누빌 수 있게 될 것이다. 우리 스스로를 신이라고 할 수는 없지만, 한낱 미물에 불과하다고 깨닫는 것은 어마어마한 자유로움을 줄 것이다.

장자는 우리의 한계에 대해 이렇게 이야기한다.

가을이 되자 물이 불어나 모든 물은 황하로 흘러들었다. 출렁이는 거대한 물결은 양쪽 기슭에서 건너편 물가에 있는 소와 말이 구별되지 않을 정도였다. 이때 황하의 신 하백(河伯)은 스스로 기뻐하며 천하의 아름다움이 모두 자기에게 집중되어 있다고 생각했다. 물길을 따라 동쪽으로 가서 북해에 이르렀다. 동쪽을 바라보았더니 아무리 보아도 망망대해뿐 물의 끝을 볼 수 없었다. 하백이 비로소 얼굴을 돌려 멍한 눈으로 북해의 신 야(若)를 바라보고 탄식하며 말했다. "세간의 말에 '도에 대해 조금 들었다고 세상에 나만한 사람이 없다고 우쭐댄다'라고 했는데 바로 나 같은 사람을 두고 한 말이다. 지금 나는 그대의 끝을 헤아리기 어려운 광대함을 보았다. 그러니 내가 당신의 문에 이르지 않았던들 위태로울 뻔했다. 하마터면 대도(大道)를 깨달은 사람들에게 길이 비웃음을 당할 뻔했다."

북해의 신 야(若)가 말했다. "우물 안 개구리에게 바다에 관한 이야기를 해줄 수 없는 것은 우물 안 개구리가 자신이 머무는 곳에만 얽매여 있기 때문이고, 여름 벌레에게 얼음에 관한 이야기를 해줄 수 없는 것은 여름 벌레가 자신이 사는 때에만 얽매여 있기 때문이며, 마음이 바르지 않은 사람에게 도에 관한 이야기를 해줄 수 없는 것은 그들이 자기가 알고 있는 교리에 속박되어 있기 때문이다. 이제 그대는 황하의 양쪽 기슭 사이에서 벗어나 큰 바다를 보고 마침내 그대 자신이 보잘것없다는 것을 알았으니, 그대와 함께 큰 도에 관한 이야기를 해볼 만하다."[14]

강의 신, 우물 안 개구리와 마찬가지로 우리의 수용력은 우주에 비해 한없이 작다. 우리는 미물에 불과하고 찰나의 시간을 살기 위해 이 세상에 나온 것이다. 모든 질서에 대한 우리의 자각 능력은 큰 우주에 비해 한없이 작다. 우리는 단지 작은 미물들이며 아주 잠깐 살기 위해 이 세상에 나온 것이기 때문에, 자연이 모든 것을 알아서 조절하도록 두어야 한다. 자연은 우리의 상처를 치료하고 자유를 줄 수 있다. 우리가 서로를 도울 수 없는 상황도 자연에게서 도움을 받을 수 있다. 장자는 일찍이 이런 이야기를 들려주었다.

샘이 마르면 물고기들이 땅 위에 남아서 서로 습기를 뿜어내며 서로 거품을 적셔 주지만 강과 호수에서 서로를 잊고 사느니만 못하다.[15]

비록 샘이 말랐을 때 서로를 적셔주며 도와줄 수는 있지만, 서로를 잊고 각자 물속에서 자유롭게 헤엄치는 것이 더 행복할 것이다. 광활한 우주 안에서 일상의 삶에서 일어나는 자질구레한 일들을 잊고 어떠한 차별과 걱정도 잊어라. 결국, '도', 우주 그 자체에 비하면 모두 보잘것없이 작을 뿐이기 때문이다. 다음 이야기는 전국시기의 진나라 정치가 여불위(呂不韋)가 기록한 것이다.

> 초나라 어떤 남자가 활을 잃어버렸는데, 다시 찾지 않기로 하고 말했다. "초나라 사람이 잃어버렸으니 초나라 사람이 찾지 않겠는가. 왜 굳이 찾아야 하는가." 공자가 이 이야기를 듣고 말했다. "'초나라'라는 말을 빼도 의미는 같다." 노자가 이 이야기를 듣고 말했다. "'사람'이라는 말을 빼도 의미는 같다."

나는 "'잃어버렸다(遺)'와 '찾았다(得)'는 단어도 필요 없다"고 생각했다. 초나라 사람은 애국주의자다. 초나라 사람이 다시 소유하는 한, 그 활이 자신의 것인지 아닌지는 전혀 문제가 되지 않는다. 공자는 인도주의자이다. 누가 그 활을 찾든지 어느 나라 사람인지는 중요하지 않다. 노자는 도가사상가이다. 활이 인간에게 속하든 한줌의 흙에게 속하든 모두 자연에 속한다. (여불위는 노자가 세 사람 중에서 가장 이타적인 사람이라고 기록했다.) 그 활은 어쨌든 우리 것은 아니다. 2006년 천문학자들은 명왕성의 지위를 강등시켰지만, 명왕성이 행성이라고 불리는가는 중요하지 않다. 활은 활 그 자체이며 '잃어버림'과 '찾음'은 물건에게 붙여지는 환상에 불과하다. '잃어버림'과 '찾음'이라는 것 사이에 무엇이 문제인가. 모두 우주의 일부이다. 단어는 줄었지만, 시야는 넓어질 것이다.

초나라 사람이 활을 잃어버렸으니, 초나라 사람이 찾을 것이다.

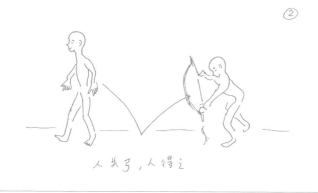

사람이 활을 잃어버렸으니, 사람이 찾을 것이다. - 공자

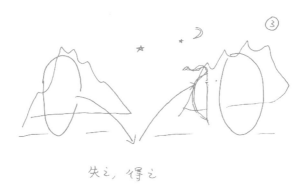

잃어버렸고, 찾을 것이다. - 노자

이것 - 나(자오치광)

반(反)
: 돌아감

자연으로 돌아가는 것이 도의 움직임이요

약한 것으로 나타나는 것이

도의 작용하는 모습이다.

천하만물은 유에서 생겨나고

유는 무에서 생겨난다.[16]

우주는 아주 작은 점에서 시작한다. 태고의 우주 밀도는 매우 컸다. 전체 질량(10^{53}kg)은 바늘의 끝 같은 점들이 모여 이루어져 있다. 지금 이 순간에도 우주는 팽창하고 있다. 이 우주의 궁극적 운명에 대해서는 세 가지 이론이 있다. 첫째, 우주가 영원히 평창해서 그 어느 곳에 어떤 생물체도 살 수 없을 만큼 질량과 에너지가 작아진다.

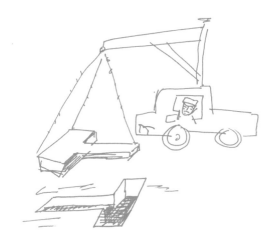

통(通)하지 않는다면, 뒤집어보라.

둘째, 우주가 계속 팽창하지만 그 속도가 점차 안정적으로 변한다. 셋째, 도교와 닮아 있어 내가 가장 좋아하는 이론인데, 우주가 어느 순간 팽창을 멈추고 다시 줄어들기 시작해 처음의 바늘의 끝 정도로 작아진다. 이때 인력이 가장 클 것이며, 모든 사물들은 움직일 수 없고 끝내 무위에 다다르게 된다. 모든 생물, 정보, 역사가 사라지고 우주는 결국 공허함으로 돌아갈 것이다. 그리고 또 한 번의 빅뱅이 일어날 것이다. 이것이 가능하지 않을까.

우주는 계속해서 순환운동을 하고 팽창과 응축의 양극단을 오간다. 우리가 우주에 살고 있기 때문에 무엇을 하든 그 행동은 우주의 반(反)순환의 일부이다. 모든 사물은 점차 변해 결국 그 반대편으로

갈 것이다. 우주를 관찰하면 이러한 이치를 이해할 수 있다.

어느 날 한 학생이 물었다. "시간의 반대는 무엇입니까?"

나는 생각할 필요도 없이 "공간"이라고 대답했다.

시간이란 무엇인가. 우리는 시간을 매년, 매시간, 매순간이라고 생각한다. 표면적으로는 시간이나 공간에서 이루어지는 행동의 측정단위이기도 하다. 해가 뜨고 지며, 지구가 태양 주위를 도는 것을 측정하듯이 말이다. 시간과 공간이 독립적으로 존재하기는 어렵다. 마치 도가의 음과 양의 보완적 관계를 닮았다.

많은 사람들은 우주가 계속해서 팽창하고 있는 사실에 동의한다. 어떠한 지점에 이르면 우주가 줄어들기 시작할 것이고 모든 것은 반(反)을 향해 변한다. 우주는 점차 작아질 것이고, 결국 하나의 작은 점이 될 것이다. 즉, 어느 날 우주의 모든 것들이 멈추고, 시간과 공간은 서로 바뀔 수 있으며, 언젠가는 시간과 공간 모두 사라질 수도 있다. 상반되는 것들이 하나가 될 수 있다는 것은 우주의 근본 법칙이다. 모든 것들은 그 반(反)을 가지고 있고 모든 것들은 그 반(反)의 존재가 있기 때문에 존재한다. 음이 있기 때문에 양이 있고, 위가 있기 때문에 아래가 있으며, 흰 것이 있기 때문에 검은 것이 있고, 남자가 있기 때문에 여자도 있다. 모든 것들은 어느 날 결국 반대의 무엇인가로 변할 것이다. 팽창하던 것은 수축될 수 있다. 우주가 팽창하는 것을 멈추면, 이내 작은 점으로 수축할 것이다. 예컨대 단단한 나무도 바람을 맞다 보면 썩어 부드러워지고, 한 줌의 흙으

反者道之用
Reversing is the
motion of the Tao

Greg Zhu
2006

돌아가는 것은 도의 움직임

로 돌아갈 것이다.

　돌아가는 것은 도의 움직임이다. 이 책을 거꾸로 들어보라. 이 그림을 거꾸로 들었을 때 또 다른 얼굴이 보이는 것처럼 이 세상도 거꾸로 보면 다르게 보일 것이다. 물구나무를 서서 보는 세상은 당신의 관점을 바꿀 것이다.

　'돌리다(反)'는 것은 양극단을 서로 바꾼다는 것이 아니라 다른 차원에서 생각할 필요가 있다는 의미이다. 고정관념에서 벗어나야 한다. 다음 이야기에서 청년과 노인은 서로 다른 선택지가 있지만 흑백논리에 갇혀 있다.

노나라에서 온 한 남자가 긴 작대기를 들고 성문을 통과하려고 했다. 우선 그는 장대를 세로로 세워 지나가려 했지만 너무 길어서 문을 통과할 수 없었다. 그 다음 가로로 들고 지나가려고 했지만 장대가 너무 길어 지나갈 수 없었다. 그가 어찌할 줄을 모르자 한 노인이 다가와 말했다. "나는 성인은 아니지만 아주 유용한 경험들을 많이 했다. 장대를 반으로 자르는 건 어떤가?" 남자는 장대를 반으로 뚝 잘랐다.

때로는 정답이 가장 간단하기 마련이다.

장애물을 넘는 가장 좋은 방법은 그대로 통과하는 것

프랭클린(Benjamin Franklin)은 죽음과 납세는 피할 수 없는 필연적인 것이라고 했다. 그에 비해 우리의 대답은 보다 간단하다. 즉 한 가지만 필연적이다. 모든 것은 모든 차원에서 변한다. 답이 너무 간단하다고 걱정하지 말라. 간단한 방법이 복잡한 것보다 더 정확한 법이다.

노자는 이러한 변화를 변증법적으로 이해했기 때문에 세상 사람으로부터 존경을 받았다. 즉 모든 것들은 그 반(反)에 이를 때까지 변화한다는 것 말이다. 그러나 이것은 자기모순에 빠진다. 목표를 이루기 위해서는 그 반대에서부터 시작해야 하고, 양이 되기 위해서는 음의 성질을 가지고 있어야만 한다. 강해지기 위해서는 약해질 줄도 알아야 한다. 노자는 이를 "한껏 펴진 것은 움츠러들 조짐이요,

한껏 강해진 것은 약해질 조짐이요, 한껏 풍요로운 것은 곤궁해질 조짐이다"[17]라고 했다. 극단에 이르렀을 때, 자연의 혼란스러움은 점차 사그라질 것이다. 가장 뛰어난 통치자는 적극적으로 통치하지 않는다. 모든 것들은 그 반대 때문에 존재하고 모든 것들은 그 반대를 향해 변화한다. 삶은 죽음으로 가는 일상의 연속이며 강해지고 싶다면 기꺼이 약해진다는 것을 감수해야 한다. 지혜롭고 싶다면, 먼저 자신의 우둔함을 알아야 한다. 지혜롭고 영웅적이며 강한 사람들은 모두 어리석었고 겁을 먹었으며 약했던 경험이 있다.

이름

말로 나타내면

살아 있는 말이 아니요,

이름을 붙여 부르면

그 이름은 살아 있는 이름이 아니다.

말(이름)이 없을 때가

존재자의 처음이요,

말로서 있게 되는 것이 만물이다.[18]

"이름을 붙여 부르면 그 이름은 살아 있는 이름이 아니다." 노자
는 이름을 붙일 수 있는 것과 없는 것들을 구분했다. 이름을 붙일 수
있는 것들은 구체적 사물들이고, 이름을 붙일 수 없는 것들은 영원

하고 한계가 없으며 가장 원시적 우주라고 말했다. 따라서 이름을 붙일 수 없는 것은 하늘과 땅의 처음이자 모든 것들의 어머니였다. 도는 이름을 붙일 수 없다. 왜냐하면 도는 근원의 근원이고 영원히 멈추지 않으며, 포용성과 무한성을 갖추었기 때문이다. "도를 도라 말하면, 늘 그러한 도가 아니다." 도를 '도' 한 단어로 정의하기 어렵다. 말을 통해 도의 함의를 모두 담아낼 수 없고 표현할 수도 없다. 도에는 우주 전체가 담겨 있는데, 어떻게 한 단어로 이 뜻을 정확하게 표현할 수 있겠는가.

『도덕경』제1장은 마치 문을 두드리는 것과 같다. 거대한 문을 열기 시작했다. 이름이 없지만 심오한 그 의미를 이해하기 시작할 때, 우주에 대한 광범위한 지식과 심오한 경험을 할 수 있다. '도'에 이름 붙이기를 멈춘다면, '무위'의 첫 걸음을 떼게 된다. 도를 '도'라는 이름이나 범주에 국한시켜서는 안 된다. 도를 생활 속에서 이름이 없는 채로 놓아두면 무한한 자유를 누리게 될 것이다. 이는 넓은 바다와 무한한 하늘, 그리고 깊은 인문정신을 포함한다.

이름이 없는 한, 정의할 수 없다. 정의할 수 없는 한, 의미를 가질 수 없다. 의미를 가질 수 없는 한, 그 한계가 없다. 다른 사람들이 우리를 정의할 수 없으며 오직 우리 자신만이 스스로를 정의할 수 있다. 이를 위해 하나의 시작점이 필요하다. 세상이 여러 가지 이름으로 우리를 명명하기 이전에 고유의 무엇이라고 규정할 수 없는 최초의 상태가 있다. 그 명명되지 않은 상태에서 시작해보자.

공허함

도는 비어 있으나

끊임없이 작용을 한다.

그것은 연못 같아

깊이를 알 수 없으나

만물이 그 속에서 나온다.

지혜를 없애고

욕심을 버려

아무것도 드러내지 않으나

만물과 함께하고 있다.

어떤 흔적도 없기에

있는 것도 같고 없는 것도 같아

그 정체를 알 수가 없으나

만물이 그것으로부터 있게 되는 것이다.[19]

.

서른 개의 바퀴살이

바퀴통 하나에 모여 있다.

바퀴통은 비어 있어

바퀴로서 쓸모가 있게 된다.

흙으로 빚은 그릇은

속이 비어 쓸모가 있게 되고

문을 닫고 드나들 수 있는 것은

방 안이 비어 있기 때문이다.

그러므로

유는 이(利)가 되고

무는 용(用)이 된다.[20]

집을 집이라 부를 때, 그것은 집 때문에 만들어지는 공간을 말하는 것이지 그 집의 들보와 목재를 말하는 것은 아니다. 그릇은 그 자체로는 쓸모가 없지만, 그릇 안의 빈 공간이 그릇을 유용하게 만든다. 우리는 마치 집과 그릇과 같다. 우리 안에 공간이 없다면 우리도 쓸모없다. 우리가 숨을 쉴 때 몸 안에 있는 물리적 공간을 느낄 수 있지만 스스로를 비워내서 세상의 무게가 우리의 어깨에 놓이지 않도록 해야 한다. 우리는 걱정, 욕망, 선입견, 탐욕, 잘못된 목표를 내려놓을 필요가 있다. 우리가 신이 아닌 인간인 이상, 스스로 통제할 수 없는 범위의 일들을 걱정할 필요가 없다. 우리는 속이 빈 하나의 그릇이 되어야 한다. 이름이 없어야 비로소 자연의 아름다움을 수용할 수 있다.

장애물을 넘는 가장 좋은 방법은 그대로 통과하는 것

물

잘 산다는 것은

물 흐르는 것같이 사는 것이다.

물은 만물을 이롭게 하면서도

다투는 일이 없으며

항상 남들이 싫어하는 낮은 자리에만 처한다.

도를 따라 사는 것이 이와 같다.[21]

물은 무위의 표상이다. 물은 내리막을 따라 아래로 흘러 이내 가
장 저항이 적은 길을 선택하며, 끊임없이 변화해 주위의 모든 것에
적응할 수 있도록 한다. 비록 많은 사람들이 이처럼 낮은 곳으로 내

려가고, 뒤처져도 태연할 수 있는 물의 성질에 동의하지 않지만, 이것이야말로 물의 미덕이다. 비록 어두운 곳에 들어서면 초라해 보이지만, 이런 겸손함과 유약함이 물이 가진 가장 강한 힘이다. 물의 덕성을 배우고 모방한다면, 억지로 노력하지 않아도 돌을 꿰뚫고 모난돌을 둥글게 만들 수 있다. 물과 같이 행동하고 물의 본질을 따라가보자. 당신이 물처럼 이 세상을 헤엄치기를 바란다.

중국에서 용은 하늘을 날지만 주로 '물의 신'의 형태로 나타난다. 중국의 용은 추분에 물에 들어가 쉬고 춘분에 물에서 나와 승천한다고 한다. 구름과 안개를 타고 날아다녔고 그 입김은 응축되어비가 되어 내렸는데, 봄과 가을의 잔잔한 이슬비뿐 아니라 때로는강한 파도를 일으키는 폭풍우가 되기도 한다. 용이 빙빙 돌며 승천할 때, 회오리바람 그리고 용오름을 형성한다. 이처럼 용은 물의 상징이자 생명의 상징이다. 이와 달리 서양의 용은 불을 내뿜는 능력을 가지고 있다. 심지어 서양의 용은 눈이 뻘겋고 분노를 담고 있다.이와 같이 '불'과 얽힌 탓에 서양의 용은 항상 죽음, 지옥과 연관된다.

중국의 용은 마치 흐르는 물의 자유로움과 우아함처럼 무위하면서 무불위에 이른다. 아무것도 하지 않으면서 동시에 모든 것을 한다. 공자는 노자를 신비로움과 지혜로움의 상징이면서 동시에 심오한 사상과 고귀한 성품을 가졌다고 하면서 물의 유연함과 성인의 지혜로움을 상징하는 용에 그를 비유한 적이 있다.

청대, 여의주를 갖고 노는 용의 그림

세상에 물보다 더
유약하고 약한 것은 없다.
그러나 굳고 강한 것을 이기는 데는
물보다 더 나은 것이 없다.
그 물의 힘을 바꾸어 대신할
어떤 물건도 없다.
약한 것이 강한 것을 이기고
부드러운 것이 굳센 것을 이긴다는 것을
천하가 다 알고 있지만
그것을 행하는 사람은 없다.

그러므로 성인은 말하기를

나라의 허물을 다 떠맡을 수 있는 사람이라야

사직의 주인이 될 수 있고,

나라의 재앙을 다 떠맡을 사람이라야

천하의 왕이 될 수 있다고 이르고 있으니

옳은 말은 반대로 말해지는 듯하다.[22]

주지하듯이 우주의 다른 행성에는 물이 없다. 만약 다른 행성에 외계인이 있다면, 그들도 푸른 바다와 흐르는 강물에 둘러싸이는 것이 가장 행복한 일이라 여길 것이다.

우리에게는 오직 달빛만 있고 별의 고리는 없다. 그 대신, 물이 있다.

물로 둘러싸인 곳에서 생활하는 것이 얼마나 큰 행운이고 행복인지를 알고 있는 사람들은 많지 않다. 노자는 우주에서 오직 지구만 물에 둘러싸여 있다는 점을 몰랐지만, 물이 모든 아름다움과 행복함을 상징한다는 점은 알고 있었다. 그는 "가장 좋은 것은 물과 같다. 물은 온갖 것을 이롭게 하면서도 다투지 않는다. 뭇사람이 싫어하는 낮은 곳에도 가기를 좋아한다"라고 했다. 우리가 물처럼 사람을 대하고 세상을 살아간다면 행복해질 것이다. 마치 넓은 바다에서 표류하는 뗏목처럼, 강물에 쓸리는 갈대와 같이 말이다. 우리는 파도가 멈추거나 강물이 천천히 흘러가는 것을 바라지 않고 물과 함께 존재하는 즐거움과 자유를 함께할 뿐이다. 물이 우리를 싣고 새로운 모험을 떠나게 내버려 두어야 한다.

냉정

당신의 혈압은 얼마나 높은가. 어떤 사람들은 의사들이 말하는 '진찰 전 혈압상승(white coat hypertension)'을 겪는다. 다시 말해 병원 분위기가 사람들을 긴장시키기 때문에 혈압이 일시적으로 올라간다는 것이다. 따라서 의사는 환자를 진정시키기 위해 환자에게 잠깐 아무것도 하지 말고 가만히 앉아 있으라고 하거나, 환자를 어두운 방에 들어가 쉬라고도 한다. 그리고 다시 혈압을 재면, 이전보다 수치가 낮게 나온다. 그렇다면 어떤 방법으로 잰 것이 진짜 혈압인가. 의사와 환자는 과연 처음의 혈압수치를 무시할 수 있는가. 평소 당신이 처음 병원에 들어섰을 때와 같이 긴장하지는 않는가, 아니면 의사가 당신을 진정시키기 위해 했던 방법처럼 정말 매일 "아무것도 하지 않을" 수 있는가. '진찰 전 혈압상승'이라고 했지만 사실은 첫 번째 혈압수치가 진짜 혈압에 가까울 수 있다. 왜냐하면 대부분 그렇듯이 항상 차분하고 냉정하지는 않기 때문이다.

우리는 하루 종일 아무것도 안 할 수 없다. 한 시간, 삼십 분도 가만히 있기 어렵다. 가만히 있지 못하기 때문에 혈압이 올라간다. 혈압을 재는 시간처럼 가만히 있어야 하는 시간 이외의 나머지 시간은 항상 움직이며 근심 걱정에 시달린다. 이러한 냉정과 무위, 아무것도 하지 않는 것이 건강검진에 도움이 된다고 생각했다면, 왜 평소에 그렇게 하지 못하는가. 의사를 위한 것이 아니라 스스로의 건강을 위해서 말이다. 일상생활에서 마음속 깊은 곳에 조용한 공간, 고요한 환경을 만들 수만 있다면 스트레스와 이로 인한 고혈압에서 벗어날 수 있을 것이다. 하루하루를 명상으로 보낼 수도 있다. 왜 밤에 잠이 들 때만 누워서 아무것도 하지 않으려 하는가. 낮에도 한숨 잘 수 있다. 왜 음악을 듣는 시간에만 차분해지는가. 마음속에서 늘 자연의 음악을 틀어놓을 수도 있다. 왜 설교를 듣는 시간에만 자신의 비천함을 깨닫는가. 우리는 모든 것을 통제하려는 욕망을 버릴 수 있고, 거대한 우주가 그 길을 이끌도록 내버려 둘 수도 있다. 왜 아무것도 안 해도 될 시간조차 시간을 투자해 '무위'의 이치를 행하지 않는가. 인도의 시인 타고르(Rabindranath Tagore)는 "만약 내가 아무것도 하지 않아도 될 때, 부디 나에게 아무 일도 하지 않도록 훼방 놓지 말고 물결이 잔잔한 밤바다처럼 평온하고 평화로운 상태로 내버려 두라"고 말했다.

바쁜 하루의 끝에서 걸음을 멈추고 조용한 밤하늘의 노을을 감상할 수 있다면, 혹은 거친 폭풍우가 지나간 후 걸어 나가 꽃향기를 맡을 수 있다면, 바쁜 가을을 보낸 후 고개 들어 남쪽으로 날아가는 철새들의 울음소리를 들을 수 있다면, 아마 고혈압으로 고생하지 않을 것이다. 사실 휴식은 짧아도 된다. 하루의 단 10분, 한 시간 중에서 단 1분, 10분 중에서 1초라도 휴식을 취할 수 있다. 이런 짧고도 짧은 휴식 끝에 당신은 완전히 다른 세상을 느낄 수 있을 것이다. 왜냐하면 휴식 후에 완전히 새로워질 것이기 때문이다.

해가 거듭될수록, 당신의 몸은 자동기록장치가 될 것이다. 삶에서 마주하는 주변사람들에게 당신의 자질구레한 일들과 스트레스를 이야기할 것이다. 이런 스트레스들은 아주 다양한 곳에서 나타난다. 돈, 직장, 가족 문제 등. 물론 나트륨 과다복용, 비만, 운동부족도 고혈압을 일으킬 수 있다. 육체적 문제와 정신적 스트레스 모두 고혈압의 원인이 될 수 있다.

선사시대 원시인들은 추위나 포식자의 습격을 만났을 때, 본능적으로 심장에 더 많은 산소를 보냈고, 이에 따라 자연스럽게 혈압도 높아졌다. 오랜 수렵채집기에 우리 조상들은 안정적인 생활을 했다. 낮에는 야생과일을 채집했고 물을 마셨으며, 토끼를 사냥했고 저녁이면 별빛 하늘 아래에서 잠이 들었다. 그러나 다른 부족이나 호랑이가 자신의 영역을 침범할 때면 생사의 기로에 섰다. 원시인들은 위험에 마주할 때, 두 가지 본능, 즉 싸우거나 도망쳤다. 어떤 상

우리는 조상들과 그렇게 다르지 않다.

황에서든 그들에게는 시간이 없거나, 어떤 것을 할지 말지 고려할 필요가 없었다. 동기와 행동 사이에 어떠한 장애물도 없었다. 그들도 대자연의 일부였기 때문이다.

현대인에게도 이러한 두 가지 본능이 있다. 그러나 본능에 따라 행동하지는 못한다. 당신의 상사가 당신의 실수를 큰 소리로 질책할 때, 상사를 한 대 때릴 수도 없고(비록 그렇게 하고 싶겠지만) 창문 밖으로 뛰어내릴 수도(이것도 하고 싶어 하겠지만) 없다.

스트레스에 대한 현대인의 반응은 동굴 속에서 살았던 원시인과 비슷하다. 췌장은 인슐린을 분비하고 혈압과 혈당수치를 올려 어떤 행동을 하게 하지만, 결국은 이를 억제해야만 한다. 싸울 수도 도망치지도 못한다. 당신의 상사를 혼내 줄 수도 또 창문 밖으로 도망치지도 못한다. 그 대신 낙담하고 화내며 우울해 한다.

사실 많은 문제들은 싸우거나 도망친다고 해결되지 않는다. 현대사회에서는 예전의 원시시대처럼 혈압을 높여 육체적 각성을 할 필요가 없다. 항상 피곤한 상태에 있다면 이것은 몸이 비정상적인 경계상태에 있기 때문에 인위적 고혈압증상이라고도 볼 수 있다. 현대사회에서는 제3의 방법이 필요하다. 싸우거나 도망치는 것이 아닌 제3의 방법, 그것이 바로 무위다. 다른 사람들의 잘못으로 자신을 힘들게 하는 대신 아무것도 하지 않는 것이다. 즉, 눈앞의 상황을 등한시해야 한다. 우리가 통제할 수 없는 그 순간을 무시하거나 차라리 이를 자연의 순리에 맡기는 것이다. 행성이 폭발한 뒤 블랙홀이 사라지는 것과 같은 문제를 해결하지 못하는 것처럼 당신이 한계에 부딪히는 환경에는 개의치 않아도 된다. 이런 환경들도 일시적 속박에 불과하다. 이와는 달리 당신은 별과 함께 날 수 있고 구름과 함께 춤출 수 있으며, 물고기들과 함께 헤엄칠 수도 있다. 우주를 이길 수 없다면, 이 우주의 기묘함을 즐기면 된다. 이 또한 무위이자 무불위, 아무것도 행하지 않으면서 모든 것을 하는 것이다.

의사는 혈압을 잴 때 진정하라고 한다. 아무 생각도 하지 말고 아무것도 하지 말고 휴식을 취하라고 한다. 이렇게 하면 정말 혈압은 내려간다. 이 짧은 시간동안 당신은 현실의 돈, 건강, 직장, 가족 문제 등 여러 가지 걱정에서 당신을 빼낸다. '진짜 건강 상태'를 알기 위해 정신 낙원을 세운 셈이다. 사실 당신이 본 것은 진짜 건강상태라기보다는 도달할 수 있는 건강상태이다. 당신의 진짜 상태는 오히려 일상에서의 스트레스를 받으면서 측정한 혈압일 것이다. 당신은 잠시나마 휴식을 취하거나 무위할 수 있는데, 이를 통해 잠시 정신 낙원을 세울 수 있다. 불행하게도 대부분 자신이 무위할 수 있다는 사실을 모른 채 생활을 끊어지지 않는 사슬로 간주한다. 이 사슬의 고리 하나하나가 궁극적 목표에 연결되어 있다고 생각한다. 융자 없는 내 집 마련, 졸업 후 취업 같은 스스로의 궁극적 목표에 잊어버린 숫자, 낮은 학점과 같은 일상에서의 작은 실수들이 안 좋은 영향을 끼칠 것이라고 생각한다. 정도가 작든 크든, 실제이든 망상이든 간에 목표를 향한 길에서 삐끗거리는 것들이 우리를 긴장시킨다.

내가 좋아하는 미국의 격언 중 하나는 "좀 내버려둬(Give me a break)"이다. 즉 계속되는 압박에서 멀어지길 원한다는 것이다. 멈추고 싶고 순간의 편안함을 얻고 싶으며, 휴식을 취하고 싶은 급한 부탁이다. 그러나 안타깝게도 우리는 다른 사람에게 요구할 뿐, 우리 스스로에게는 휴식을 주지 않기 때문에 스스로가 만든 쇠사슬로부터 벗어나기 어렵다. 모든 생활이 여기에 연결되어 있기 때문이다. 우리는 단 1분이라도 멈출 수 없다. 1분마저 생계와 연결시키고, 삶의 목표, 자아와 연결시키기 때문에 차마 그 1분도 쉬지 못한다. 이 사슬을 끊을 용기가 없고, 잠시 생각을 멈추고 긴장을 풀어줄 짧은 짬조차 아까워한다. 발걸음을 늦춰 길가에 핀 꽃향기를 맡거나 고개를 들어 하늘을 쳐다보거나 지나가는 강아지에게 말을 걸 틈이 없다. 이러한 작은 멈춤으로 우리가 경쟁에서 도태되고 추월당할 것이라고 믿기 때문이다. 우리는 냉정하고 엄격한 목소리를 반복해서 듣는다. "당신이 다른 선수를 추월했을 때, 그 눈은 모두 당신을 목표로 삼는다. 따라서 추호의 흐트러짐도 없어야 한다."

우리는 꿈이 있는 한, 쉬지 말고 끊임없이 앞으로 나아가야 한다고 믿는다. 역설적으로 또 다른 목표는 바로 미래 걱정 없는 50세 은퇴다. 때가 되면 잘 쉬기 위해 혹은 50세 이후에 아무 일도 하지 않으면서 정신 낙원을 즐기기 위해, 이 목표를 달성하기 전까지 절대 자신에게 쉴 기회를 주지 않는다. 결과적으로 30세에서 50세 사이의 많은 사람들의 수축기 혈압은 매년 3mmHG씩 오르고 확장기 혈압은 1mmHG씩 오른다. 아주 운이 좋아서 그때까지 살 수 있다면 50세에 은퇴하겠지만, 그때 그들의 혈압은 이미 180/100mmHG에 도달했을 수도 있다.

혈압을 잴 때, 어떻게 진정해야 하는지 알고 있다. 의사가 지시하는 대로 정신을 집중하고 몸을 편안하게 하며 호흡을 느리게 해 혈압을 안정시킨다. 그러나 평소 이를 인위적이라 느끼고 이렇게 연습하는 것을 꺼린다. 그저 혈압측정기계를 위해 잠시 냉정해지는 것뿐이다. 왜 이렇게 다른 것은 위하면서 자신을 위하지는 않는가. 매일 자신에게 몇 번이나 평온할 시간을 주고 있는가. 혈압측정 기계를 위해, 의사를 상대하기 위해서가 아니라 스스로를 위해 자연의 소리에 귀를 기울이고, 한 소절의 시를 읊조리는 등 자신에게 잠시 숨 돌릴 틈을 주자. 모든 생각, 느낌, 소리와 화면이 생각의 바다에서 자연스럽게 흘러가게 두면 된다. 이렇게 해도 지구는 멈추지 않는다.

많은 사람들이 음식, 술, 담배와 같은 방식으로 스트레스를 풀고자 한다. 그러나 이는 오히려 혈압을 올려버릴 것이다. 우리는 운동을 통해 스트레스를 풀어야 한다. 마치 긴 생명의 강 속에서 짧은 멈춤과 같이 운동을 통해 몸은 완전한 편안함을 얻을 수 있다. 현대사회에서 우리는 싸우거나 도망치지 못한다. 그래서 이를 운동으로 대체해야 한다. 운동하는 것은 유익하긴 하지만 그렇다고 무위를 잊어서는 안 된다. 운동 중에 잠시 멈추는 것은 운동하는 사람들의 생사와 관련이 있다. 과도한 육체적 스트레스는 혈액순환을 나쁘게 하고 병에 걸리게 하며 심지어 죽음에 이르게 한다. 비록 운동이 스트레스를 풀 수 있는 하나의 해독제지만, 과도한 해독제 복용은 오히려 건강을 해칠 수 있다. 모든 사람들의 몸은 또 하나의 우주이다. 담배와 나쁜 음식들로 오염시켜서는 안 되며, 과부하가 걸리지 않게 해야 한다. 그렇지 않다면 너무 일찍 무너질 것이다.

과거 10년 동안 나는 너무나 많은 친구들을 잃어버리는 아픔을 겪었다. 그들은 생전에 모두 활동적이었지만, 불행하게도 너무 빨리 세상을 떠났다. 본래 그들의 삶이 이렇게 짧아서는 안 된다. 그들의 삶에 한 가지 공통점이 있었는데, 이는 나에게 충격이었다. 그들 모두 마라톤, 등산, 럭비 등 도전적이면서 경쟁적인 운동을 즐겼다. 그들은 운동을 심하게 좋아해 죽기 하루 전, 죽기 1초 전까지도 계속 했다. 만약 그들이 운동에도 정도가 있다는 것을 알았더라면, 대부 분 더 오래 살았을 것이다. 생명이 운동에 달려 있다는 말은 옳다. 그러나 공자가 말했던 것처럼, 과유불급(過猶不及)이다. 노자도 다음 과 같이 말했다.

말할 수 없는 것이 자연이다.
사나운 바람도 한나절을 불지 못하고
소낙비도 온종일 내리지 못한다.
천지도 오래하지 못하거늘
하물며 사람에게서랴.[23]

나는 친구들에게 이렇게 말한다. "그만 멈춰, 게으름 좀 피워, 피 곤할 때는 아무것도 하지 마." 강철도 접힐 때가 있는데, 하물며 우 리 같은 인간은 어떻겠는가.

고요함과 건강

자연을 따르는 제일 좋은 방법은 건강을 유지하는 것이다. 사람의 몸은 매일같이 일정 비율의 세포를 재생시킨다. 긍정적 태도를 가지면, 당신의 몸은 어떤 특수한 물질을 혈액에 내보내고 몸 전체에 걸쳐 세포의 성장과 재생을 촉진시킨다. 고요하고 즐거운 마음은 아무 것도 하지 않는 무위의 상태이지만, 이를 통해 방출되는 신호들은 몸 전체를 무불위하게 한다. 운동하는 것은 몸과 함께 사고하는 것일 뿐, 대뇌로부터 신호를 받아 수동적으로 움직이는 것이 아니다. 특히 수영, 태극, 요가 등과 같이 경쟁적이지 않은 운동을 하는 것은 대뇌에 건강한 신호를 보낸다. 우리는 움직이도록 만들어졌고, 감정은 이러한 몸의 시스템을 강화했다. 운동은 몸의 신호체계를 자극하고, 이를 통해 대뇌가 걱정하지 않고 냉정을 유지할 수 있도록 한다.

이후 대뇌는 세포들에게 '전진' 신호를 보내게 되고 이를 통해 세포는 매일 재생된다. 그래서 건강한 몸은 건강한 정신에서 비롯되고, 건강한 정신 또한 건강한 몸에서 비롯된다. 몸과 정신은 모두 무위와 무불위 사이에서 하나의 건강한 균형점을 만들어낸다. 그래서 정신이 어느 정도는 세포 건강을 좌우하기도 한다.

긍정적 신호는 세포들에게 살아 있는 것은 가치가 있으며, 몸은 반드시 건강한 세포가 필요하다고 말해준다. 부정적 신호는 세포들에게 재생은 필요 없고, 지금의 세포조차 퇴화되어도 좋다고 말한다. 스트레스는 어떤 충동을 억제하는 데에서 비롯된다. 예전에는 사람들이 생명의 위협을 받았을 때, 심리적으로 스스로 무엇이라도 했어야 했다. 그래서 어느 정도 반항했다.

그러나 현대사회에서는 재산과 사회적 지위가 위협받을 때, 반항하려는 충동을 억제해야 하고 이 과정에서 스트레스를 받는다. 오랜 기간에 걸친 스트레스와 고민이나 후회는 끊임없이 화학적 물질을 만들어 낸다. 이것은 오랫동안의 건강보다 일시적 충동을 억제하는 데 집중해 시간이 지날수록 세포들이 노화한다. 우울감은 자살이나 끊임없는 고민을 통해 세포를 파괴시켜 목숨을 위협할 수 있다. 스스로 목숨을 끊고자 하는 사람들 대부분은 육체적 자살에 앞서 정신적 자살을 먼저 감행했을 것이다. 건강하지 않은 정신은 무의식적으로 스스로를 천천히 죽인다. 그러나 우리는 이렇게 천천히 죽어가는 것을 되돌릴 수 있다.

건강해지기 위해서는 자연의 흐름을 따라야만 하고 더 나은 삶의 방식을 찾아야 하며, 가상의 책임감에서 자신을 해방시켜야 한다. 자기 자신에게 좀 더 너그러워질 필요가 있다. 무엇을 해야 할지 모를 때는 아무것도 하지 마라. 이것은 범죄가 아니다. 이것은 마치 한 폭의 중국 전통회화인 〈어부도〉와 같다. 그림 속 어부는 물고기를 가득 잡아 돌아오든 그렇지 못하든 간에 마음은 평온하고 건강하다. 왜냐하면 하루 일과를 마쳤고 더 이상 할 것이 없으니, 잔잔한 파도에 배를 맡길 뿐이며, 신선한 바람이 얼굴을 스치고 해가 지는 것을 보는 것 외에는 할 일이 없기 때문이다.

하루 일과를 마친 후, 버드나무 뒤 작은 오두막으로 돌아오는 어부

자연은 위대한 치유가다. 호기심을 가지고 자연을 관찰하다 보면, 그제야 무한한 자연과 달리 유한한 스스로를 알게 될 것이다. 조용히 심호흡을 한 번 하고, 이 자연의 무한함에 자신을 맡겨보라. 겸손하게 이를 감상하고, 스스로를 비자연적인 상태로부터 해방시켜보라. 자연에게 "저는 당신을 믿습니다"라고 말한다면, 자연은 놀라움을 선사할 것이다. 자연이 당신을 감싸 안으면, 건강하지 않은 정신을 몰아내고 대신에 내면의 평온함과 다시 태어난 몸을 가질 수 있을 것이다.

음식

배운다는 것은 날로 앎을 늘려감이요

도를 닦는다는 것은 날로 앎을 덜어내는 일이다.

덜어내고 또 덜어내어 더 덜어낼 수 없는데[無爲]까지 이르면

하려고 하지 않아도 모든 것이 절로 이루어진다.

세상을 다스림을 항상 무위로서 해야 하나니

유의로 하게 되면 세상을 다스릴 수 없게 된다.[24]

도가에서는 음식을 건강과 장수를 실현하는 요소로 여겼다. 음식을 줄이거나 간소화하는 경향(無爲)이 있었고, 건강에 가장 좋은 식물과 약초를 탐구하고 찾았다(無不爲). 도가는 각종 천연의 약초를

찾으면서 생명을 보전하는 무불위를 했다. 그 사례는 당나라 시인 가도(賈島, 779-843)가 쓴 한 편의 시「은둔자를 찾으려 다녔지만 찾지 못하다(尋隱者不遇)」에서 은둔자가 약초를 캐는 모습에서 볼 수 있다.

소나무 아래서 한 아이에게 선생님 계시냐고 물으니

아이가 답하길 선생님은 이미 약초 캐러 산에 오르셔서

이 산에 계시다는 것만 알뿐

산은 높고 구름이 끼어 어디에 계시는지 알 수 없다고 한다.[25]

구름과 안개가 낀 산에 깊이 숨어 있는 인삼, 생강과 꽃들은 사람들의 몸을 건강하고 장수하게 해준다. 건강한 음식 중에 맛이 좋지 않은 것도 있다. 예컨대 쓰고 마른 생강은 두툼하고 육즙이 흐르는 스테이크처럼 맛이 없을 수도 있다. 그러나 마크 트웨인의 "먹고 싶지 않은 것을 먹고, 좋아하지 않는 것을 마시고, 행하기 싫어하는 것을 할 때 그제야 건강을 지킬 수 있다"란 말은 옳았다. 노자는 "맛은 담백하여 아무 맛도 없어야 한다. 작은 것을 크게 생각하고, 적은 것을 많게 여겨야 한다"[26]라고 했다. 작고 맛없는 것을 택한다면 당신은 더욱 건강해질 것이다.

약초를 캐는 것 외에도 옛 도가에서는 이(理), 기(氣), 술(術)의 원리를 종합한 연금술을 통해 신단묘약을 만들어냈다. 연금술이 바로 무불위의 극단적인 사례이다. 연금술은 중국에서 가장 먼저 나왔는

데, 원래 불로장생의 약을 비밀리에 만들기 위한 기술이었다. 이것이 중세 유럽에서는 금을 만드는 연금술로 변했고, 산업혁명을 거치면서 다시 화학으로 변했다. 이런 무불위의 행위는 현대 화학과 약학의 전신이라고 할 수 있다. 도가는 삶을 연장하는 묘약을 개발하기 위해 상상할 수 있는 모든 것을 다했다.

주지하듯이, 중국 황제들은 원하는 모든 것을 전부 가졌지만, 어쩔 수없이 죽음이라는 공포에 직면했다. 기원전 221년, 진시황은 여섯 나라를 점령하고 천하를 통일했다. 그러나 이런 황제에게도 마지막이자 꺾을 수 없는 적은 단 하나, 바로 죽음이 남았다. 궁궐 내 법사였던 서복(徐福)은 진시황을 설득해 동방에 불로장생의 묘약이 있다고 믿게 만들었고, 진시황은 그 약을 찾으러 두 번이나 그를 동해로 보냈다. 서복은 기원전 219년, 210년 두 번 여정을 떠났다. 당시 60여 척의 배, 5,000여 명의 선원 그리고 3,000여 명의 동정남과 동정녀가 함께 떠났다고 전해지고 있다. 기원전 210년 서복은 두 번째 여정을 떠난 후 돌아오지 않았는데, 기록에 의하면 일본에서 죽었다고 한다. 그는 불로장생의 묘약을 믿게 했지만, 정작 자신은 불로장생하지 못했다. 일본인은 그의 이름으로 된 절을 짓고 그를 기렸다.

어쩌면 진시황은 탐욕스러웠고 서복은 교활했을지도 모른다. 그러나 영생의 열망은 중국에서 사라진 적이 없다. 중국의 도가는 어쩌면 가장 집요한 사람들이라 할 수 있다. 그들은 인류가 무위와 무불위를 통해 죽음과 질병에 대항할 수 있다고 보았다. 건강하게 장수하기 위해서는 이렇게 오랫동안 지켜온 정신을 널리 알려야 한다. 고대 선현들은 중요한 비밀을 알았는데, 이것은 '사람은 곧 그가 먹은 음식'이라는 것이었다. 건강한 음식과 약을 먹는다면 건강을 유지할 수 있다.

도가에서 음식과 약은 서로 대체할 수 있다고 보았다. 당연히 생선이나 과일과 야채 같은 영양가 높은 음식을 먹어야 하고, 약초와 태극권이나 명상으로 이를 보충해야 한다. 전통적으로 도가와 불교 수행자들은 점심을 아주 적게 먹거나 아예 먹지 않았다. 이들 중 일부는 야생과일을 먹거나 시냇물을 마시기도 했다. 심지어 이슬만 마셔 신선의 반열에 오르기도 한다. 도가의 숙원은 언젠가는 음식에서 벗어나 '속세'에서 더러워지지 않는 것이다.

장자는 다음과 같이 상상했다.

"막고야(藐姑射) 산에 신인(神人)들이 살고 있는데 피부는 눈같이 하얗고, 몸매는 부드러워 처녀처럼 사랑스럽다. 곡식은 일체 먹지 않고 바람을 들이키고 이슬을 마시고 구름기운을 타고 비룡(飛龍)을 몰아 사해(四海), 죽음의 영역을 넘어서까지 돌아다닌다. 신인들의 신묘한 정기가 모이면, 모든 것을 상처 나고 병들지 않게 성장시키고 해마다 곡식이 풍성하게 영글도록 한다."[27]

사람이 절대로 공기와 이슬만으로 살 수 없다는 사실을 알고 있지만 지금처럼 풍족하지 않은 옛날에도 과식의 위험성을 인식했다는 것을 보여준다.

노자는 풍족하게 먹고 마시는 것의 위험을 알았다. 그는 "찬란한 색깔은 눈을 멀게 하고, 아름다운 소리는 귀를 멀게 하고, 맛있는 음식은 입맛을 잃게 한다. 사냥에 빠지면 마음이 미치게 되고, 재물에 마음을 두면 삶을 그르친다"[28]고 했다. 그래서 도가는 건강한 음식과 약을 통해 생명의 무불위 사상을 연장하기를 바라는 것 외에도 음식 먹는 것을 절제하는 무위사상을 강조한다. 유감스러운 것은 다이어트를 하면 건강한 식습관을 만들기 어렵다는 점이다.

노자는 "도를 닦는다는 것은 날로 앎을 덜어내는 일이다"[29]라고 했다. 일반적으로 현대 사람들은 쌓아나가는 것에 집착한다. 다이어트를 할 때만 포기의 철학을 적용한다. 그들은 잃는 것을 싫어한다. 유일하게 잃고 싶어 하는 것은 체중뿐이다. 불행하게도 몸무게를 줄이기 위한 운동은 건강한 식습관을 기르는 데 좋지 않다.

어떤 사람들은 무료하거나 우울할 때 많이 먹는다. 시간을 죽이기 위해 먹지만 건강을 망치는 일이다. 우리 몸은 신성한 곳으로 음식은 신성한 제물이 되어야 한다. 그러나 이 신성한 사당 같은 몸은 종종 쓰레기에 오염된다. 사람들은 더욱 많은 것들을 사당에 쑤셔넣는다. 현대 미국인들은 항상 넓은 차고가 딸린 집을 꿈꾸지만 골목을 걷다 보면 차고의 3분의 2는 버리는 물건들과 오래된 가구와 쓰레기로 채워져 있다. 이것은 마치 현대인의 몸과 같다. 물건들이

범람해 도가에서 말하는 빈 공간을 모두 채워버렸다.

결과적으로 현재 3분의 2에 해당하는 미국인들이 과체중이거나 비만이다. 내 친구 중 하나는 근시안이면서 건망증이 심하다. 미국으로 올 때마다 안경을 집에 놓고 공항에 와서 비행정보를 보지 못한다. 그나마 다행인 것은 항상 자신이 줄서야 할 곳에 잘 선다는 것이다. 그는 뚱뚱한 사람들이 많이 서 있는 줄만 찾는데, 이 방법으로 항상 미국행 비행기를 잘 타고 온다.

세계보건기구(WHO)는 미국인들이 세계에서 제일 뚱뚱하다고 밝혔다. 이는 어쩌면 많은 미국인들이 도가철학의 약속과 노자가 이야기한 "도를 위해서 날마다 줄여나가야 한다"는 말을 못 들어봤기 때문일 것이다. 현재 많은 중국인들도 선조들의 가르침을 잊어버렸다. 중국의 빠른 경제발전 속도는 미국을 추월하고 있다. 다만 아쉬운 점은 중국인들의 식습관도 함께 변했다는 것이다. 2008년 25퍼센트 이상의 중국인들이 과체중이라고 발표되었다. 이렇게 생각해 보자. 만약 날씬한 노인이 작은 배를 젓는 전통적 중국의 이미지가 뚱뚱한 중년의 상인이 중국에서 만든 큰 수레를 타는 이미지로 바뀐다면 이것은 악몽일 것이다. 현대 중국인과 미국인 모두 2,500년 전부터 전해 내려온 노자의 가르침 즉 "먹다 남은 밥, 몸에 난 욕창처럼 싫다"는 구절을 새겨듣고 과한 음식을 절제해야 할 것이다. 세계보건기구는 전 세계 인구의 3분의 1이 영양 불량이고 나머지 3분의 1은 굶고 있다고 발표했다. 이런 심각하고 아이러니한 상황을 노자는 정확히 꿰뚫고 있다.

하늘의 도는
마치 활줄을 당겨 활을 쏘는 것과 같다.
높으면 낮추고 낮으면 들어올린다.
활줄을 너무 당겼으면 늦추고
덜 당겼으면 더 당겨 알맞게 한다.
하늘의 도는 남는 것을 덜어
부족한 것에 보태주는데
사람이 하는 일은 그렇지 않다.
오히려 부족한 것을 덜어 남는 것에
더 보태주려고 한다.[30]

불균형 세계에서 하늘의 도가 사람의 도를 지배하고, 건강하고 공정한 정신이 여기 모든 구석구석에 스며들기를 바란다. 수렵, 채집과 농경시대에서는 힘든 노동을 하고도 식량이 풍족하지 못해 음식을 저장해 둘 수밖에 없었다. 지금 세계 빈곤국가 중 3분의 1에 해당하는 인구는 아직도 먹을 것이 부족하다. 반면 다른 3분의 1은 심각한 소비주의 문화에 젖어 있다. 비록 생활수준은 이전에 비해 좋아졌지만, 여전히 낙후된 생활습관이 남아 있다. 식량을 저장하기 위해, 미래를 준비하기 위해, 한시도 쉬지 않고 일하는 것이다. 이들에게 "가득 채우는 것은 덜 채움만 못하고 예리한 것은 오래 간직할 수가 없다"[31]는 노자의 가르침은 여전히 유용하다.

물을 가득 따르지 않더라도 목말라 죽지 않는다. 반대로 물이 너무 많으면 넘칠 수 있다. 많은 것을 가진 사람들은 더 많은 것을 가지려 하면 안 되고, 가난한 사람에게 나누어 함께 건강과 장수를 실현해야 한다. 식량은 생사의 기적을 만들 수 있다. 배고픔과 폭식 사이에서의 균형을 찾는 것, 무위와 무불위 사이의 균형을 찾아야 할 것이다.

수면

먹고 마시는 것과 자는 것은 밀접한 관련이 있다. 자는 동안 잠재의 식은 일상생활을 점검한다. 여기에는 식습관도 포함되어 있다. 왜냐 하면 자고 있는 동안 더욱 고독해지고 예민해지며 연약해지기 때문 이다. 내 고향에는 "한 입 덜 먹으면 한 밤이 편하다"라는 말이 있다. 먹을 것이 부족함을 겪은 농민들이라면 누구나 이 말뜻을 알 것이다. 그러나 이 말은 전 세계 3분의 1이 폭식과 폭음을 하는 오늘날에 더 적합하다. 먹는 것은 잠자는 것에 이롭기도 하지만 해롭기도 하다. 적당한 양을 먹었는지 알 수 있는 가장 좋은 시간은 한밤중 또는 동 틀 무렵, 잠들지도 깨어 있지도 않았을 때이다. 이때는 전날의 활동 에 가장 민감해지는 시간이다. 너무 많이 먹었다면 이때 어떤 불편함 을 느낄 것이다. 아쉽게도 이 순간의 느낌은 대부분 그 사람의 잠재의식 속에 잠긴다. 다음 날 이 느낌을 잊은 채 또 다시 과식을 반복할 수 있다. 잠잘 때 무위의 의미를 깊이 새긴다면 낮 시간의 생활습관을 효율적으로 관리할 수 있을 것이다.

생활에 대해 이야기할 때, 대부분 깨어 있는 상태에 집중하지만 사실 잠은 우리의 하루 전체 시간에서 약 3분의 1을 차지한다. 셰익스피어는 "생의 향연에 최대의 자양을 주는 그 잠 말이오."[32] 라고 말한 바 있다. 그의 눈에는 잠은 깨어 있을 때의 삶을 위한 준비였다. 사실, 잠은 그 자체로 삶의 한 부분이다. 잠잘 때, 사람들은 끝이 보이지 않는 어둠으로 향한다. 낮 시간은 충분히 깊지 않기 때문에 잠의 요청을 만족시킬 수 없다. 수면의 질은 깨어 있을 때의 시간만큼 중요하며, 수면 건강도 깨어 있을 때 건강만큼이나 중요하다. 사람들은 자는 동안의 일을 기억하지 못하지만, 깨어 있을 때만큼이나 잘 때도 많은 일을 겪는다. 수면은 절대적 무위다. 다음 날의 무불위를 위해 몸을 회복시킨다.

무위의 영역에 들어서기 위해서는 더욱 노력해야 한다. 전 세계 사람의 절반은 불면증에 시달린다. 대부분의 경우 불면증은 순전히 무위에 따른 근심, 아무것도 하지 않는 것에서 비롯된 불안함이다. 그들은 깨어있는 채 누워 있는 것을 시간낭비라고 간주하기 때문에 걱정한다. 사실 깨어 있더라도 대부분의 사람들은 아무것도 바꾸지 못한다. 그저 계속해서 자신의 깨어 있을 때의 생활을 걱정한다. 어떤 사람들은 잠자는 것을 죽음의 영역에 가까워지는 재앙처럼 여긴다. 그들은 침대에서 엎치락뒤치락하지만, 어떻게 하든 그 걱정에서 벗어나지 못한다. 마크 트웨인에게 불면증 치료법에 물었더니 이렇게 답했다. "침대 끄트머리에 누워보아라. 그럼 너는 떨어질 것이다." 영어로 'Fall'은 "떨어지다"와 "잠들다"라는 데 모두 쓰이기 때문에 이런 말장난을 한 것이다. 그러나 이 말장난에 지혜가 담겨 있다. 잠들 때, 우리를 놓아버리는 용기가 필요하다. 침대에서 떨어질 수도 있는 그런 위험을 떨쳐버리는 용기 말이다. 우리는 미시시피 강을 떠내려가는 허클베리 핀이 되어야 한다. 그리고 우리 삶에게 말해야 한다. "나는 당신을 믿으니, 얼마든지 이리 와보라"라고 말이다.

많은 나라에서 아기처럼 자는 잠이 가장 좋은 잠이라고 이야기한다. 잠들었을 때, 모든 것을 할 수 있다. 날아다니고 괴물을 쫓거나 괴물에 쫓기고, 평상시 할 수 없었던 말을 내뱉으면서 새로운 것을 경험한다. 꿈 말이다. 깊은 잠과 깊은 무위, 그리고 꿈을 통해 스트레스와 불안으로 인한 새로운 경계의 긴장을 풀 수 있다. 잠자는 것은 무위를 실현하는 가장 좋은 방법이다. 어느 무명작가는 의식을 "잠을 방해하는 시간"으로 부르기도 했다.

우리는 스스로 왜 존재하는지 모른다. 그러나 모든 것을 알지 못한다는 점은 잘 알고 있다. 자신의 한계를 알고 있는 한, 그것을 넘을 수 있다. 장자는 자주 큰 것을 버리고 작은 것을 취해야 한다고 했다. 다양성을 버리고 단일성을 추구하는 것처럼 말이다. 잠자는 동안 영혼은 삶과 죽음 사이의 외롭고 쓸쓸한 영역을 헤맨다. 삶과 죽음 사이에 있는 왕국을 찾아내는 것, 그것은 도가의 숙원이다. 숙면과 명상은 이 영역에 가장 가깝다. 그리고 이 영역에서 사람은 무위와 무불위 사이에서 자유롭게 움직이며 죽음과의 싸움에서도 이길 수 있는 자아로부터의 해방을 이룰 수 있다. 기쁨과 슬픔은 낮과 밤, 삶과 죽음처럼 상대적이다. 삶과 죽음 사이에는 형식에 구애받지 않고 스스로를 내려놓아도 되는 상태인 망형(忘形)이 있다. 잠들 때, 이 상태를 경험할 수 있다. 목적지 없이 돌아다니며 현실 속의 걱정과 평판을 넘어섰다고 해도 바뀌는 것은 하나 없다. 우주는 여전히 팽창하고 지구는 돌고 있으며, 어떤 사람은 착한 일을 하고 어떤 사람을 악행을 저지를 것이다. 그러나 모든 것을 내려놓고 잠잘 용기를 찾고 잠에서 깨어나면, 다시 문제를 해결할 수 있을 것이다.

장자는 일찍이 자신이 나비가 되는 꿈을 꾸었다. 나비의 모습이 되는 것뿐 아니라 마치 한 마리의 나비처럼 느끼기도 했다. 이 나비는 장자가 누구인지 몰랐다. 갑자기 장자는 잠에서 깨어났다. 분명히 자신이 장자임을 느꼈다. 그러나 장자 자신이 나비의 꿈을 꾼 것인지, 아니면 나비가 자신이 장자의 꿈을 꾼 것인지를 알지 못했다.

그러나 잠자는 것이 쉽지 않다. 매일 밤, 전 세계에서 약 10억 명 정도의 사람들이 잠을 자다가 숨을 멈춘다. 어떤 사람은 몇 초를, 또 다른 사람은 2분가량 멈춘다. 코를 고는 것은 호흡기관이 반복적으로 닫히기 때문이다. 코를 고는 사람들은 수면 무호흡증을 겪고 있지만, 안타깝게도 이들 중 90퍼센트는 자신이 병에 걸린 사실을 모른 채, 지극히 적은 사람들만 치료를 받는다. 이 병을 고치는 방법은 호흡기(CPAP) 이용, 치과치료부터 수술까지 다양하다. 사람들은 무 위를 위한 잠을 자기 위해 무불위한 치료방법, 즉 모든 것을 해야 한 다. 수면 무호흡증은 피로를 유발하고 심혈관계를 손상시키며, 가족 의 화목을 깨트리기도 한다. 이런 수면 무호흡증을 앓고 있는 사람 들에게 잠은 한바탕 악몽과 같다. 병을 겪고 있는 사람들은 그 다음 날이면 잊어버리지만 피곤함과 짜증, 둔한 동작들은 그가 얼마나 고 통 받았는지 알려준다. 애드가 앨런 포는 "잠은 바로 짧은 죽음이다. 나는 잠을 정말 싫어한다"고 말했다. 아마 그는 어쩌면 이미 수면 무 호흡증을 앓았을지 모른다. 수면 무호흡증 환자들에게는 매일 잠드 는 것이 마치 숨 막혀 죽는 것과 같다. 다행인 것은 이들 중 대부분 이 그 다음날이면 이러한 사실을 기억하지 못한다는 점이다.

반쯤 깨고 반쯤 자는 것은 반쯤 살고 반쯤 죽은 것과 같다. 그래 서 사람들은 잠들 때 고독해진다. 어떤 사람과 잔다는 말은 누군가 와 성관계를 가진다는 것을 뜻하기도 한다. 그러나 누군가와 잘 때 더 많이 필요한 것은 사랑이지 성관계만은 아니다. 왜냐하면 당신이 잠들면서 미지의 세계로 들어갔고, 그 미지의 세계에서 여행할 때는 최고의 동반자가 필요하다. 경극「백사전(白蛇傳)」에는 사공이 사랑 에 빠진 부부에게 하는 다음과 같은 대사가 있다. "서로 같은 배를 타는 인연은 전생에서 십년 동안 수행해야 얻을 수 있고, 같은 베개 를 베는 부부의 인연은 백 년 동안 수행해야 얻을 수 있다." 백 년 동

안 수행하고서야 가질 수 있는 동침은 어깨를 맞대고 잠을 자는 것
이지, 성관계는 그 다음이다.

달빛이 가벼이 춤을 추고, 잔잔한 물결은 자장가를 노래하니 잠을 청할 시간이다.

무위무불위

호흡

영혼을 순일(純一)하게 가질 수 있겠는가.

어린아이처럼 천진난만할 수 있겠는가.[33]

　세상에 태어나서 가장 먼저 하는 일은 무엇인가. 바로 숨쉬기다. 이 세상을 떠나기 전에 마지막으로 할 것은 무엇인가. 바로 숨쉬기다. 노자는 종종 모든 것을 잊어버리고 숨 쉬는 법을 다시 배워야 한다고 말했다. 살다보면 가장 좋은 것은 모두 무료라는 것을 알 수 있다. 공기는 아직까지 무료다. 숨 쉬는 것은 가장 비싸지 않은 행동이면서 가장 좋은 치료방법이다. 숨 쉬는 것은 체내 에너지의 흐름을 의미한다. 생명은 숨 쉬는 것에서 시작해 숨 쉬는 것으로 끝난다. 안타깝게도 많은 사람들은 제대로 숨을 쉬지 못한다. 너무 얕게 쉬거나 너무 소극적으로 쉰다거나, 너무 불규칙적이거나 무의식적으로 한다.

　제대로 된 숨을 쉬려면 불안함을 치료하고 제어하는 것이 관건이다. 신비한 마음의 치유를 통해 몸과 정신의 건강을 유지할 수 있다. 인간은 완전히 자신의 심장, 위, 장의 운동을 통제할 수 없지만 의식적으로나 무의식적으로나 폐 운동을 조절할 수는 있다. 폐는 두 방향으로 움직이는데, 의식과 무의식을 이어주고 있다. 세상에서 가장 아름다운 곳은 두 방향이 맞닿는 곳이다. 바다가 모래에 부딪히는 해변, 물이 땅에 부딪히는 강기슭이 그러하다. 숨을 쉴 때, 의식과 무의식은 서로 부딪힐 수 있기 때문에 숨 쉬는 것이 인체의 가장 아름다운 기능이다. 숨 쉴 때, 무위와 무불위는 서로 부딪혀 불꽃을 일게 하고 이 불꽃은 어둡고 불안한 마음을 밝혀준다. 당신은 호흡의 리듬과 깊이를 바꾸기 위해 무불위, 즉 모든 것을 할 수 있다. 또한 자연스럽게 숨을 쉬면서 무위, 아무것도 안 할 수 있다.

　중국에서는 숨 쉬는 것 또는 기(氣)는 에너지, 정신, 그리고 생명을 의미한다. 맹자는 "나는 남의 말을 잘 알며, 나의 호연지기(浩然之氣)를 잘 기르네"[34]라고 말한 바 있다. 장자는 신선들은 발꿈치부터 숨 쉴 것이라고 여기면서 깊은 숨을 쉴 것을 이야기했다. 그들 모두 기(氣)가 사람의 영혼을 지탱한다고 믿었다.

　호흡은 정신을 통제하는 중요한 수단이다. 심리적 스트레스는 목, 어깨, 가슴뿐 아니라 당신 몸의 모든 근육을 수축시킬 수 있다.

이런 수축은 당신이 숨을 들이쉴 때 폐에서 넓어지는 부분을 줄이고 폐 윗부분만 공기로 채운다. 이것은 마치 높은 산 위에 있는 것과 같이 짧고 얕은 숨을 쉬게 한다. 산소가 부족하면, 스트레스와 짜증, 우울감이 나타난다. 이와는

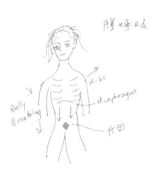

달리 스트레스, 짜증, 우울로 또 다시 짧고 얕은 숨을 쉰다. 급하게 숨쉴수록 더욱 혼란스러워지고, 천천히 숨쉴수록 더 차분해진다. 짧고 얕은 숨은 당신의 몸과 정신의 건강에 좋지 않다.

많은 사람들은 주어진 순간에 어떻게 스스로를 편하게 할 수 있는지 알고 있다. 길고 깊게 숨을 들이마시고 내뱉는 것을 여러 번 반복해 연습하는 것이다. 그러나 아주 일부는 더욱 효과적인 해결책을 알고 있다. 복식호흡이다. 복식호흡을 할 때, 횡격막은 내려가고 갈비뼈가 올라가는 대신 원래의 위치에 그대로 있게 된다. 호흡할 때 흉부보다 복부가 확장된다. 당연히 폐도 확장되지만, 주로 확장되는 부분은 폐 아래쪽 복부다.

우리가 좀 더 동물에 가까웠을 때는 네 다리로 돌아다녔다. 400만 년 전, 두 다리로 직립보행을 하면서 다른 동물들과 확실하게 구별되었다. 똑바로 서서 걸어 다니게 되었을 때, 다른 동물들의 눈에는 움직이는 막대처럼 우습게 보였을 것이다. 지금 우리는 거꾸로

하고 있다. 복부를 통해 숨을 쉴 때, 모든 것은 낮아지고 태초의 상태로 돌아간다. 호흡의 위치는 낮아져서 네 발로 돌아다닐 때, 지금보다 더 가까웠던 그 땅에 가까워진다. 이러한 호흡위치를 낮추는 복식호흡은 항상 높은 곳으로 나아가려는 사람의 경향을 막아준다. 인류는 진화했지만 직립보행은 혈압을 높이거나 목과 등에 고통을 주는 등의 부작용을 가져왔다. 복식호흡을 익히기 위해서는 먼저 손을 복부에 올려놓고 숨을 천천히 깊게 쉬어야 한다. 텅빈 호수에 강물이 흘러 깨끗한 물이 채워지듯이 숨을 쉬면서 복부를 채운다고 생각하면서 숨을 쉬자. 당신의 복부 위에 있는 손은 숨을 들이마실 때 올라가며, 숨을 내쉴 때 내려갈 것이다.

사람들이 아주 편안하다고 느낄 때, 복식호흡을 한다. 스트레스를 받으면 사람들은 힘겹게 가슴으로 숨을 쉰다. 긴장을 푼 편안한 상태는 일반적인 상태가 아니다. 사람들이 가슴으로 숨 쉬는 것은 오히려 '정상'이 되어버렸다. 연습을 통해 신경 쓰지 않고도 복식호흡 훈련을 할 수 있다. 이러한 호흡은 당신의 척추를 몸 내부에서부터 마사지한다. 그는 외부의 그 어떠한 마사지로도 할 수 없다. 스트레스 받을 때에도 이렇게 복식호흡을 할 수 있다면, 무위하면서 동시에 무불위하는 상태에 이르게 될 것이며 스트레스도 이겨낼 수 있다.

오랫동안 지속된 스트레스는 다양한 질병의 원인이 된다. 스트레스는 면역체계를 파괴하고 혈압을 높이고 정신을 긴장시킨다. 정신을 집중시키고, 더욱 효과적으로 숨 쉬는 것을 익히면서 스트레스가 우리의 몸을 해치지 못하게 스트레스를 줄일 수 있다. 스트레스를 풀기 위해 어떤 사람들은 흡연, 도박, 마약을 한다. 그곳에 정신을 집중시키고 마음 걱정을 잊고자 하지만, 사실은 건강을 해치거나 돈을 날리는 등 결과적으로 후회를 낳게 된다. 올바른 호흡법은 건강하고 경제적이며, 그 어떠한 후회도 남기지 않는다.

숨을 쉬는 데 있어서 비우는 것이 채우는 것보다 더욱 중요하다. 사람들은 이와 반대로 생각하고 행동한다. 그들은 숨 쉬는 것과 같은 일상행위에서도 채우는 것을 추구한다. 사람들이 호흡하는 것을 관찰하면 많은 사람들이 공기를 들이마시기 위해 노력하는 반면, 공기를 내뱉는 데에는 그렇지 않다는 것을 발견할 수 있다. 일반적으로 공기를 내뱉는 것은 수동적이며, 들이마시는 것이 능동적이라 생각한다. 이러한 '상식'에 따라 숨을 쉰다면 폐에 충분한 공기를 공급하지 않게 된다. 치료방법은 채움보다 비움에 초점을 맞추는 것이다. 더 많은 공기를 내보내 폐를 비워야 한다. 내쉬는 것에 초점을 맞추고 들이마시는 것은 알아서 되도록 내버려 두자. 대부분의 수영 강사들은 학생들에게 숨을 들이마시기 전에 끝까지 내뱉으라고 한다. 내쉬는 숨을 가능한 천천히 부드럽게 해보자. 그리고 이런 숨을 내뱉는 방법과 복식호흡을 함께 해보자. 복부 위에 올린 손은 마치 조수가 밀려들어오고 나가듯이 숨을 내뱉을 때 깊게 꺼지며, 들이마신 때 위로 올라온다. 사람들이 "무엇을 하느냐"고 물어볼 지도 모른다. 그러나 "아무것도 아니다"고 답하라. 사람들이 아무것도 하지 않을 때도 숨을 쉰다. 그렇지 않은가. 숨을 들이마시고 내뱉는 것이야말로 진정한 무위이다.

숨을 들이마시고 내쉬는 것 사이에 과도기가 있는데, 하품은 그 과도기의 연장에 있다. 입을 크게 열고 깊게 호흡하며 몸을 뻗고 혀를 수축한다. 이것은 삶에 있어서 잠깐의 멈춤, 일상생활에서의 잠깐의 편안함이며, 무위를 원하는 우리 몸이 원하는 것을 나타내준다. 복식호흡은 하품과 함께 무위로 몸을 잠깐이나마 쉴 수 있게 해주며, 무엇보다 가슴이 무위하도록 돕는다. 숨을 내뱉는 것과 들이쉬는 것 사이의 과도기에 잠시나마 멈출 수 있다. 이 과도기를 길게 조절할 수 있고, 이를 통해 호흡기관들은 잠시 쉬게 할 수 있다. 사실 '무불위' 상태에 있다면, 우주의 숨결에 다다르고 생명의 윤회를 회복하며 드넓은 우주를 자유롭게 돌아다닐 것이다. 가슴으로 숨을 쉬는 것과 배로 숨을 쉬는 것은 정반대이다. 모든 반대의 것들은 새로운 기회다. 일생 동안 늑골은 잘못된 방법으로 움직여왔다. 이제 그들이 쉴 수 있도록 해야 한다.

학문

현대사회를 사는 우리는 정보의 늪에 빠져 더 많은 지식을 요구한다. 전문지식에 집착하며 지혜를 원한다. 정보는 사실과 데이터를 포함하고 있고, 지식은 사실과 데이터를 연결한다. 릴케(Rainer Maria Rilke)는 "당신이 절대로 가질 수 없는 답을 찾기 위해 시도하지 마라. 가장 중요한 것은 경험이다. 지금 질문 그 자체를 즐기려고 해보라"고 충고했다. 우리는 마음속에 있는 해결되지 않은 문제들에 대해 인내심을 가지고 그 자체를 사랑하려고 노력해야 한다.

알지 못하는 것이 있음을 아는 것은 참 앎이요,
앎의 한계가 있음을 알지 못하는 것은 병이다.
병을 병으로 여길 줄 알면 병에서 벗어날 수 있다.

성인이 병에서 벗어나 있는 것은 병을 병인 줄 알기 때문이다.
그러므로 병에 걸리지 않는 것이다.[35]

공자는 일찍이 이와 비슷한 말을 했다. "아는 것을 안다 하고 모르는 것을 모른다고 하는 것, 이것이 참으로 아는 것이다."[36] 소크라테스도 말했다. "내가 남들보다 더 똑똑한 것은 내 스스로의 무지를 알기 때문이다." 안 좋은 것, 즉 악을 피하려면, 자신의 무지와 한계를 알아야 한다. 만약 일반 사람이 무식한데 박학다식한 척 허풍을 떤다면, 이를 재밌거나 흥미진진하게 볼 수 있다. 그러나 힘 있는 사람이 아는 것이 없는데 모든 것을 아는 척한다면, 이는 엄청난 파괴력을 가질 것이다. 악이란 무식함에 힘이 더해진 것이다. 따라서 안 좋은 것

옛 성인은 자신을 충분히 내보인 돌에서 참된 지식과 성찰을 얻었다.

을 피하는 가장 좋은 방법은 배우는 것이다. 공자도 이 말을 믿었다. 중국 전통문화에서도 제대로 배운 학자가 제대로 된 지도자가 될 수 있다고 보았다. 그러나 노자는 이러한 전통에 도전했다.

> 배우지 말라. 그러면 근심이 없을 것이다.
> 그렇고 그렇지 않음을 나누지 말라.
> 선과 악을 갈라놓지 말라.
> 사람이 두려워해야 할 것은 이런 것들이다.
> 사람들이 매달리는 허황됨이 한이 없구나.
> 모두들 희희낙락 즐거워하는데
> 나만 홀로 분별없는 아기처럼
> 갈 곳을 모르고 있는 것 같구나.[37]

노자의 '절학무우(絶學無憂)'는 말 그대로 '배움을 끊으면 걱정이 없다'는 의미이다. 그러나 이 말이 모든 지식을 버려야 한다는 의미일까. 이것은 세 갈래로 이해할 수 있다. 먼저 일부 학자들의 주장처럼 절(絶)은 '포기하다'는 의미가 아니라 '극치'의 의미이다. 즉 "극한까지 공부했을 때, 걱정할 그 어떤 것도 없다"는 뜻이다. 둘째, 유가사상의 공부이다. 즉 지나치게 세심한 공부 방식을 포기하면, 걱정이 없다는 것이다. 셋째, 문자 그대로 모든 공부를 포기하면 걱정이 없다는 것이다.

학생들은 「도덕경」에 나온 말에 따라 배움을 포기하는 것으로 이해했다.

첫 번째 해석은 노자의 지론에 부합하지 않고, 오히려 공자에 가깝다. 두 번째 해석은 하나의 절충안으로 이해하기는 쉽지만, 사실 노자는 모든 공부를 확실하게 포기할 것을 말하고 있다. 모든 걱정은 지식에서 비롯된다. 어떤 사물을 분석할 때, 운명을 통제하려고 할 때, 우주의 통치자가 되려고 할 때는 곤경에 빠진다. 모든 학문을 정말 포기할 수 있는가. 사실은 결코 그렇지 않다. 노자는 '잘못된 것을 고치려다 오히려 지나친(矯枉過正)' 측면이 있다.

옆의 그림에서 한 여자아이가 목표를 향해 달려가고 있다. 그러나 가고자 하는 방향이 모두 잘못됐다. 먼저 너무 왼쪽으로 향하고 있는데, 이렇게 가는 것은 틀렸다. 또 너무 오른쪽으로 달려가고 있는데, 이렇게 가는 것도 틀렸다. 그렇지만 결국 목표에 다다랐다. 스스로 계속해서 자신의 방향을 왼쪽에서 오른쪽, 오른쪽에서 왼쪽으로 조정했기 때문이다. 바로잡을 때마다 목표에 좀 더 가까워졌다. 우리 삶에서도 매일 이렇게 반복할 수 있다. 운전할 때 직진하고자 한다면, 반드시 왼쪽으로도 몇 도, 오른쪽으로도 몇 도 정도 틀어야 하고 계속해서 이를 반복해야 한다.

만약 자동차가 얼음에서 미끄러져 왼쪽으로 기울게 되면, 운전대를 오른쪽으로 돌려야 한다. 만약 아무것도 하지 않는다면 도랑에 빠지고 말 것이다. 살아가면서 잘못된 행동을 하거나 잘못된 말을 하거

방향이 틀려도 이를 고쳐가면서 결국 목표와 가까워질 것이다.

나 잘못된 생각을 하는 것은 어쩔 수 없다. 그러나 목표를 달성하기 위해 행동, 말 그리고 생각까지 고쳐 나가야 한다. "끝까지 버텨라"라고 하면서 우리 스스로의 잘못된 점을 고치지 않는다면 피해가 클 것이다. 우리는 이미 목적과 다른 행동을 한 경험이 있다. 모든 방향이 틀렸지만, 그와 반대로 하거나, 자기 자신을 부정하거나, 우리 스스로의 방향을 고쳐나간다. 왼쪽으로 향하고 있다면 반드시 운전대를 오른쪽으로 돌려야 하고 그 후 다시 직진하면 된다. 일련의 잘못들을 경험하고 스스로의 잘못을 고치는 것을 반복하면서 결국 목표에 도달한다.

만약 자전거를 타는 사람이 개천가에서 왼쪽으로 돌려고 한다

현명하지만 과한 거장들의 조언을 조심하라. 지나치게 믿으면 자칫 다른 낭떠러지로 떨어질 수 있다.

무위무불위

면, 직진이 옳더라도 '오른쪽'이라고 외칠 것이다. 노자가 공부를 포기하라고 했을 때, 그는 잘못된 방향을 알려주고 있지만 그럼에도 여전히 옳다. 그의 조언을 지나치게 믿어 다른 낭떠러지로 떨어지는 것을 조심해야 한다. 목표를 이루기 위해 지그재그로 가야했던 여자아이처럼 그의 말을 따르는 것도 잘못된 것을 고치려다 그것이 지나쳐 오히려 잘못될 수도 있다. '정확한 방향'은 실제로 일련의 잘못된 방향들이 서로 상쇄된 결과이다. 노자는 모든 지식을 버리라고 한다. 우리가 죽은 공부에서 멀어질 때, 비로소 노자의 제안이 옳다는 것을 알 수 있다. 지식은 우리를 도와주지만, 우리를 조정할 수도 있다. 지식을 맹목적으로 믿는다면, 우리 스스로의 느낌을 따라가지 못하고, 잘못된 길로 들어서기 쉽다. 문제를 복잡하게 만드는 대립된 의견들을 뒤로하고 우리의 길을 꿋꿋하게 걸어 나가자.

> 찬란한 색깔은 눈을 멀게 하고
> 아름다운 소리는 귀를 멀게 하고
> 맛있는 음식은 입맛을 잃게 한다.
> 사냥에 빠지면 마음이 미치게 되고,
> 재물에 마음을 두면 삶을 그르치게 된다.
> 그러므로 성인은 마음을 위할 뿐
> 몸을 위하지 않으니
> 이를 거피취차(去彼取此)라 한다.[38]

세상에는 화려한 것들이 너무 많아 주의력을 떨어뜨리기도 한다. 당신의 생각과 본능을 믿고, 얕팍한 첫인상이나 독단적인 지식에 의존해 판단하는 것을 경계하자. 장자는 한 백정에 관한 이야기를 들려주었다.

포정이라는 백정이 문혜군(文惠君)을 위해 소를 잡는데, 손으로 쇠뿔을 잡고 어깨에 소를 기대게 하고, 발로 소를 밟고 무릎을 세워 소를 누르면 처음에는 칼질하는 소리가 '획획' 울리고 칼을 움직여 나갈 때마다 '쐐쐐' 소리가 났다. 그러나 음률이 맞아 상림(桑林)[39]의 춤에 부합했고 경수(經首)[40]의 박자에 꼭 맞았다. 문혜군이 말했다.

"아! 훌륭하구나. 어찌 이런 경지의 기술에 이를 수 있는가!"

포정이 칼을 내려놓고 대답했다.

"제가 좋아하는 것은 도(道)인데, 이것은 기술에서 더 나아간 것입니다. 처음 소를 해부할 때에는 눈에 비치는 것이 온통 소뿐이었습니다. 그런데 3년이 지난 뒤에는 온전한 소가 보이지 않게 되었습니다. 지금은 신(神)을 통해 소를 대하고, 눈으로 보지 않습니다. 감각기관의 활동을 멈추고 오직 정신만을 운용하는 겁니다. 소 몸체가 부여받은 자연스러운 이치(天理)에 따라 칼질을 합니다. 근육의 틈새를 젖혀 열거나 뼈와 관절의 빈 곳에 칼을 쓰는 일은 소 본연의 생김새에 따르기 때문에 지금껏 힘줄이나 근육을 베어본 적이 없습니다. 하물며 큰 뼈야 방해가 되겠습니까. 솜씨 좋은 백정은 일 년에 한 번 칼을 바꾸는데 주로 살코기를 베기 때문이고, 일반 백정은 한 달에 한 번씩 칼을 바꾸는데 뼈를 치기 때문입니다. 지금 쓰고 있는 칼은 19년이 되었고, 그동안 잡은 소가 수천 마리인데도 칼날이 마치 숫돌에서 막 갈아낸 듯합니다. 뼈마디에는 틈이 있고 칼날 끝에는 두께가 없습니다. 두께가 없는 것을 가지고 틈이 있는 사이로 들어가기 때문에 넓고 넓어서 칼날을 놀리는 데 반드시 남는 공간이 있게 마련입니다."[41]

포정이 이렇게 능숙하게 소를 잡을 수 있는 것은 소 전체를 보는 것이 아니라, 소의 모든 부분, 즉 내장기관, 뼈, 근육을 보기 때문이다. 칼을 쓸 때 칼의 자연스러운 흐름을 따라가게 내버려두지, 소위 '기교'에 신경 쓰지 않는다. 기교는 배울 수 있지만, 정신과 본능은 그럴 수 없다. 이 또한 무위이자 배우지 않는 것으로 이해할 수 있다. 노자는 칼로 소를 벨 때 쓰는 일반적이고 고정된 방법을 포기하기를 바란다. 그 대신 포정처럼 힘들이지 않고도 일을 완성할 수 있는 능력을 배워야 한다는 것이다. 이것이야말로 진정한 학문이다. 우리에게는 무수한 입문서가 있다. 그러나 이러한 입문서들이 우리의 지혜와 본능을 억누르지 않도록 해야 한다. 어떻게 삶을 이끄는지를 배울 수는 없다. 자연이 우리와 우리의 칼을 이끌도록 놓아두라. 이렇게 해야만 칼은 항상 예리함을 유지할 수 있다.

장자가 노자의 물음에 답했다.

재주 있는 자는 수고롭고 지식이 있는 자는 근심이 많거니와

오히려 무능한 자는 밖으로 추구할 것이 없는지라

배불리 먹고 마음대로 놀면서 둥둥 얽매임 없이

떠다니는 배와 같이 스스로를 비우고 자유로이 노니는 사람이다.[42]

이 말은 기술이 나쁘다고 말하려는 것이 아니다. 다만, 우리 스스로 고정된 길로부터 벗어날 수 있어야 한다는 것이다. 하늘만 응시한 채, 물살에 따라 배의 방향이 바뀌는 현실을 받아들이고, 배도 우

떠다니는 배와 같이 스스로를 비우고 자유로이 노니는 사람

무위무불위

리의 뜻대로 나아가지 않을 수 있다는 것을 알아야 한다. 만약 우리 스스로를 편안하게 할 수 있다면, 하루 종일 어떤 항구에 도착할 지 걱정하는 것보다 자유롭게 주변의 아름다운 풍경을 감상할 수 있을 것이다. 평온한 마음을 가지고 있을 때, 우리 마음을 밝혀줄 것이며 지식의 문을 열어줄 것이며, 지혜의 빛이 몸과 마음을 밝혀줄 것이다. 행복한 세상을 원한다면 스스로 행복해져보자. 이것은 가장 배우기 어려운 부분이다.

자질이 뛰어난 사람은 도를 들으면 힘써 행하고
중간쯤 가는 사람은 도에 대한 믿음이 확실하지 않고,
중간에도 못 미치는 사람은 아예 도를 무시하고 비웃는다.
무시하고 비웃지 않는다면 오히려 도가 아닐 것이다.[43]

도는 우리 것일 뿐 아니라, 모든 사람의 것이다. 그럼에도 불구하고, 우리는 그것을 잡고 우리의 것으로 만들려고 한다. 이것이 과연 우리를 현명한 사람으로 만들어주는가? 그럴지도 모른다. 모든 사람들은 도를 따를 수 있다. 만약 노자의 가르침이 '상식'이었다면, 아무도 웃지 못했을 것이다. 그러나 노자의 사상은 도발적이고 독특하다. 사람들을 불편하게 만들기도 한다. 구습을 따르는 사람들은 도가사상이 어처구니가 없다며 웃어넘기지만 그 웃음이야말로 노자가 가장 예민한 곳을 가리키고 있다는 것을 보여준다. 노자는 그들을 멍청하다고 하지만, 우리에게 '멍청한' 사람이 필요한 것을 알고 있다. 멍청한 사람이 없다면, 그의 도는 존재할 수 없기 때문이다. 이해하는 것을 설명하기는 어렵다. 삶은 짧고 우주는 무한하며, 당신이 이해하지 못하는 일들이 많을 것이다. 만약 삶을 아름답게 영위할 수 있다면, 설령 세상만물이 모두 비극이라도 당신의 삶은 희극이 될 수 있다.

정의로움

나라를 바른 것으로 다스리고

전쟁을 기략으로서 치르려고 하나

무사로서 세상을 다스려야 한다.[44]

노자의 정의로움 개념에는 '놀람과 기쁨(惊喜)'의 요소가 있다. 장기를 둘 때는 상대의 허를 찌르는 공격을 해야 하는데, 이것이 바로 무불위이다. 일상생활 속에서 정의와 공평을 전제로 일을 한다면 '놀람과 기쁨'을 이룰 수 있다. 이와 동시에 당신의 영혼은 무위의 원칙을 따라야만 한다. 우리는 모든 일이 원래 소원대로 이루어지지 않는다고 생각해야 할 뿐만 아니라, 과거와 현재 그리고 미래의 온갖 근심에 속박당하면 안 된다는 것도 알아야 한다. 왜냐하면 이 모든 것을 당신이 통제할 수 없기 때문이다. 당신이 할 수 있는 것은 전략을 잘 생각하고 상대의 허를 찔러 이기면 냉정함을 유지하는 것이다.

마음이 평온할 때는 지키는 일이 쉽고
아직 아무런 조짐이 없을 때는 도모하기가 쉽다.
처음 연약할 때는 막아 없애기 쉽고
미미할 때는 흩트려 무산시키기 쉽다.
모든 일이 아직 생기기 전에 처리해야 하고
혼란스러워지기 전에 다스려야 한다.
아름드리 나무는 어린 나무가 생겨나 자라는 것이고
구층 높은 탑은 한줌 흙으로부터 쌓아 이루어지며
천 리 길은 한 걸음으로 시작한다.[45]

나는 수업에서 "과도하게 세상에 관여하지 말라"고 말한 적이 있다. 그러자 어떤 학생이 "그럼 우리가 어떻게 악함에 맞서야 합니까? 그저 방관하며 세상일에 신경 쓰지 않고 돌보지 말란 말입니까?"라고 반문했다.

물론 우리는 재난이 발생하는 것을 막을 수 없다. 우리가 세상의 악함에 접했을 때, 처음 반응은 '무언가를 해야 한다'는 것이고, '눈에는 눈, 이에는 이'라는 방법으로 행동해야만 공평하고 정의롭다고 생각하기도 한다. 또한 행동을 통해 우리 문제들을 빨리 해결할 수 있을 것이라고 생각하지만 먼저 스스로의 선량한 의식을 강화하고 가슴에 손을 얹은 채, 힘을 사용해 '악인'을 없애는 것이 정말 문제를 해결하는 것인가를 자문해야 한다. 이 '악인'이 정말 문제의 근원인지 확신할 수 없다. 〈스타워즈(Star Wars)〉시리즈와 같은 반응은 오히려 혼란과 복수를 야기할 수도 있다. 만약 생각하지 않고 행동하면 그 행동으로 일어난 모든 것들을 해결해야 한다. 이상적이기는 하지만 애초에 악한 일들이 일어나지 않게 해야 한다. 골칫거리가 발생하기 전에 이를 해결하는 것이 상대적으로 쉽다.

불공정을 대할 때 행동으로 맞서야 하는지, 행동하지 않는 것으로 맞서야 하는지를 모른다. 일반적으로 행동을 취하는 것이야말로 강자의 행위이자 도덕적 선택이라 여기며, 아무것도 하지 않는 것을 나약함과 부도덕한 선택이라고 생각한다. 사실 행동하지 않는 것, 즉 무위도 똑같이 도덕적이며 어쩌면 더 많은 힘과 정의에 대한 존중이 있어야 가능할지 모른다.

9·11사태 이후, 대부분의 미국인들은 사담 후세인을 악한 사람이라 보았고 미국은 이라크를 공격했다. 당시 사담 후세인과 9·11사태의 관련성은 불명확했지만, 이라크는 이로 인해 혼란 상태를 겪었다. 비평가들은 아직도 사담 후세인을 권좌에서 몰아냈어야 했는지에 대해 논의 중이다. 그러나 미래에는 아무것도 하지 않는 '무위(無爲)'가 사상적, 도덕적 측면에서 행동을 취하는 '위(爲)'만큼이나 공평하다고 생각해야 할 것이다. 만약 즉각 행동하지 못했더라도 이

를 나약함이라고 생각해서는 안 된다. 무위는 자연의 법칙에 어긋나는 행동을 하지 않는다는 것을 의미한다. 인권은 자연법칙의 또 다른 측면이다. 정의로운 행동을 할 때는 자연법칙을 따라야 한다. 그러나 정의로움을 위해 행동할 때, 더 많은 문제를 만들지 않는다는 것을 확인해야만 한다. 그렇지 않다면 무위, 아무것도 하지 않는 것보다 못한 것이다.

일과 휴식

순간이 짧다고 걱정할 필요가 없다. 순간이 있어야 영원이 있다. 무위를 무서워해서는 안 된다. 무위가 있어야 무불위가 있다. 아무런 일도 할 수 없을 때에는 하지 마라. 하기 싫을 땐 하지 마라. 쉬면서 가책을 느끼지 말고, 일하면서 고통을 느끼지 마라.

노자와 장자는 "만물의 근본은 정밀하고 오묘하다고 여기며, 그런 조잡한 만물은 아무리 축적해도 충분하지 않다고 하여 홀로 담담하게 신명과 함께 머문다. 옛 도술은 바로 여기에 있는 것이다"[46]고 생각했다. 물론 빵을 가지는 것도 중요하지만, 빵의 달콤함을 즐기는 것이 더욱 중요하다. 런던 정경대학의 경제학자 레이어드(Richard Layard)는 일과 행복에 관한 좋은 예를 들었다. 그는 실업이 더 이상 영국에서 가장 큰 사회문제가 아니라고 생각했다. 영국에서 실업급

여유롭게 자연법칙을 따르라.

여를 신청하는 사람들은 백만 명이 되지 않는 반면, 장애급여를 받는 사람의 수는·백만이 넘었다. 우울감과 스트레스가 그들을 일하는 것이 적합하지 않게 만들었다. 레이어드처럼 전략적 안목을 가진 경제학자들은 더 이상 취업률을 높이는 데 그치지 않고 행복지수를 높이는 데 관심을 갖게 되었다.

　우리는 열심히 일한 뒤에 뒤따라오는 휴가에 대한 환상을 늘 품고 있다. 자본주의 지지자인 케인즈는 부유한 사회일수록 여유롭고, 노동에서 해방되어 생활의 아름다움을 누릴 것이라고 예측했다. 자본주의를 반대한 마르크스는 인류 모두가 생산수단의 소유자가 되면 여유로운 문화와 교육을 누릴 수 있을 것이라 예측했다. 오늘날 많은 사람들은 더욱 열심히 일을 하고 소비에 대한 열망도 더욱 높아졌다. 그들은 이런 물건들이 그들에게 행복을 가져다주길 바란다. 역설적이게도 케인즈 이론이 성행한 미국과 마르크스주의를 수용했던 중국에서 사람들이 과도한 노동을 하고 있다는 사실이다. 사람들은 모든 수단과 방법을 사용해 곳곳에서 모든 시간을 사용하면서 일 한다. 그러나 노동의 결실은 빠르게 변질되고 있다. 모든 사람은 계층 사다리에서 좀 더 높은 위치에 올라가기를 바란다. 이것은 사람들이 더욱 빠르게 오르고 쫓아오도록 만든다. 그러나 결과적으로 모든 사람이 원하는 결과를 얻지는 못한다. 1835년 토크빌(Alexis de Tocqueville)은 "이렇게 많은 행운아들이 풍요로움에 만족하지 못하고 있다"고 미국인을 묘사했다. 지금까지 미국인들은 이와 같았다. 그들은 이전보다 더 많은 것을 가졌고, 태평양 너머의 중국도 마찬가지였다. 21세기 중국은 몇십 년 전에 비해 더 많은 물질적 풍요를 얻었다. 그러나 더 많은 사람들이 '질투병(紅眼病)'을 얻게 되었다(흥미로운 것은 영어의 초록색은 '질투'의 상징이다). 그들은 이웃이 그들보다 더 많은 것을 가지고 있는 것을 보았기 때문이다.

많은 사람들은 자기 자신에게 온전히 관심을 기울이지 못하면서 타인의 일에는 부질없이 관심을 쏟기도 하고, 자신이 잘한 것만으로는 부족해 자신의 또래를 꺾고 싶어 한다. 이런 지위에 대한 불안은 대자연 속에도 있다. 나무 꼭대기에 오른 원숭이는 더 많은 짝을 맺고 바나나를 딸 수 있다. 낮은 나뭇가지 위의 원숭이도 똑같이 짝을 맺고 바나나도 딸 수 있지만, 나무 꼭대기의 원숭이가 자신보다 많은 것을 가졌기 때문에 불안하게 느낀다. 이처럼 더 높은 나무를 차지하기 위해 더 많은 사람들은 매일 야근을 한다. 자신과 동료의 휴식시간을 희생해 앞으로 비집고 들어간다. 자신의 희생과 함께 자신의 지위를 지키려는 다른 사람들을 해치기도 한다. 이들의 동료는 어쩔 수 없이 자신의 자유를 포기하고 다른 사람의 진도에 발을 맞춘다. 만약 다른 사람이 조금 덜 일하면 자신도 그렇게 필사적이지 않을 것이라 생각하지만 손바닥도 마주쳐야 소리가 나는 법이다. 이와는 반대로 변변찮은 사람들은 자신이 뒤쳐질까 걱정한다. 자신이

해를 쫓는 과부

무위무불위

열심히 노력하지 않으면 지금의 위치가 노력한 다른 사람들의 손에 들어갈 것이라고 생각한다.

사람들은 일하는 시간을 줄이고 일터와 가까운 곳에서 출근해야 한다. 이것이 더 값싼 가구를 사거나 더 작은 집에 살아야 한다는 것을 의미해도 말이다. 현대인은 이미 중국 고대신화에 등장하는 거인인 과부(誇父)가 되었다. 고대 중국에 과부라는 거인이 태양을 쫓겠다고 결심했다. 그는 쏜살같이 태양의 방향으로 달리기 시작했다. 더위와 갈증으로 인해 더 이상 이를 지속할 수 없게 되었다. 이 때 그는 눈앞의 파도가 일렁이는 황하를 보고 이곳을 향해 맹렬하게 돌진했다. 강물을 한 번에 다 마시고는 위하(渭河)의 물도 모두 마셔버렸다. 그리고도 더위와 갈증이 가시지 않아 북쪽의 호수를 향해 돌진했다. 그러나 안타깝게도 중간에 넘어져 갈증과 무더위로 죽고 말았다. 이것이 바로 중국의 고사인 '과부추일(誇父追日)'의 이야기다. '과부추일'은 그리스 신화의 이카로스(Icarus)처럼 자신의 주제를 모르는 사람을 의미한다. 이카로스는 밀랍으로 날개를 만들어 태양을 향해 날았다. 태양과 너무 가까워지자 밀랍이 녹아 결국 추락해 죽었다.

오늘날 세계에도 많은 과부와 이카로스가 그들의 태양, 즉 성공을 향해 끊임없이 달려가고 있다. 심지어 현대의 태양을 쫓는 자들은 과부보다 더욱 비참하고 고통스럽다. 과부는 혼자 태양을 쫓았지만 언제든지 멈추거나 물을 마실 수 있었다. 그러나 현대인은 끊임없이 목표를 쫓아야 할 뿐만 아니라 상대에 쫓기기까지 해야 한다.

과부는 태양만 쫓으면 됐지만 현대인들은 태양을 쫓으면서도 뒤따라오는 상대에게 따라잡혔는지 뒤돌아보아야 한다. 목이 마르고 덥고 피곤해도 잠시도 쉴 수 없다. 머리 위의 태양이 움직이는 것이 보이고, 뒤따라오는 경쟁 상대가 바싹 뒤따라오고 있기 때문이다. 많은 사람들은 "몇 년 일해서 얼마 모으고 나면 바로 퇴직해야지"라고 한다. 운 좋은 사람들은 정말 목표를 달성해, 몇 년 동안의 일 때문에 누리지 못한 여유로운 생활을 누릴 준비를 한다. 불행한 것은 너무나도 많은 사람들이 노동의 열매를 제대로 누리기도 전에 병들어 눕거나 세상을 떠나버린다. 심지어 어떤 사람들은 퇴직하기도 전에 요절하기도 하고, 어떤 사람들은 오랜 기간 일을 하더라도 많은 돈을 모으지 못한다. 여전히 태양은 있지만 태양을 쫓는 사람들은 사라졌다.

이는 편한 것만 꾀하고 일하기를 멀리 하라는 것이 아니다. 일은 오래 지속되는 즐거운 것이어야 한다. 일을 할 때 통찰력과 지혜 그리고 활력을 발휘할 수 있다. 일을 마무리할 때 즐거워하고, 독서와 음악 감상을 하거나 정원에서 산책할 때 가장 기뻐해야 한다. 그러나 오든(W. H. Auden)이 "일하는 중에 자신을 잊는다"고 말한 것처럼, 몇몇 운 좋은 사람들은 일을 통한 만족감에 심취한다. 오든의 시에서, 외과의사는 수술을 성공적으로 마무리하고, 사무직 직원들은 하나의 인수증을 성공적으로 완성하면서 일을 끝낸다고 했다. 이런 자아도취적인 일하는 상태가 바로 무위하는 상태에서의 무불위이다.

그는 작은 사무실에서 풍경을 감상할 수 있는 큰 사무실로 옮겼지만, 아쉬운 것은 산의 풍경을 보고 있자면 나스닥 차트가 생각난다는 것이다.

자신을 잊고 일할 때, 진지하게 일할 수 있고 정신이 맑아지게 된다. 그리고 더 이상 개인의 득실을 따지는데 시간을 낭비하지 않는다. 우리의 일은 목표보다는 과정이어야 하고 수동적이기보다는 적극적이어야 하며, 갈등이 아닌 조화여야 한다. 태양을 쫓는 일은 무궁무진한 고통을 안겨주지만, 두둥실 떠오르는 태양 아래를 천천히 뛰는 것은 오히려 근심걱정이 없고 가슴을 후련하고 상쾌하게 만든다.

명분과 이익

명예와 생명, 어느 것이 더 소중한 것이며

생명과 재물, 어느 것이 더 귀중한 것이며

욕심을 가지는 것과 버리는 것

어느 것이 더 병이라 할 것인가.

큰 집착은 소중한 것을 잃게 되고

가지는 것이 많아지면 잃는 것도 많아진다.

분수를 알면 욕되지 않고

자기 분수에서 그칠 줄 알면

위태롭지 않아 오래 안전할 수 있다.[47]

유종원(柳宗元)은 당나라 시기의 위대한 시인이자 철학가다. 그는 유주자사(柳州刺史)직을 지냈는데 『유하동집(柳河東集): 애익문(哀溺文)』에 이런 글귀를 남겼다.

영주의 백성들은 모두 헤엄을 잘 쳤다. 어느 날 강물이 심하게 불었고, 대여섯 명의 사람이 작은 배를 타고 상수(湘水)를 건너고 있었다. 강 중간에서 배가 부서지자 배 위의 사람들은 모두 헤엄쳤다. 이 중 한 사람은 있는 힘을 다해 헤엄을 쳤지만 얼마가지 못했다. 친구들은 "네가 가장 헤엄을 잘 치는데 지금은 왜 우리 뒤에 있지?"라고 말했다. 그는 "내 허리춤에 돈을 많이 넣어 무거워서 뒤떨어진 거야"라고 말했다. 친구들은 다시 "왜 돈을 버리지 않았어?"라고 물었다. 그는 대답하지 않고 고개를 저었다. 잠시 후 그는 더욱 힘들어했다. 이미 강을 건넌 사람들이 강가에서 그에게 소리쳤다. "정말 바보 같고 어리석기 그지없다. 물에 빠져 죽기 직전인데 돈이 무슨 소용이냐." 그는 다시 고개를 저었고 결국 물에 빠져 죽었다. 나는 (이 이야기를 듣고) 매우 슬펐다. 큰 재물이 큰 인물을 익사하게 하는 일이 없다고 말할 수 있겠는가?

셰익스피어는 『아테네의 타이먼』에 이렇게 썼다. "황금? 노랗고, 빛나고, 귀한 금덩이? ……이것은 조금만 가져도 검은 것을 하얗게 만들고 못난 것을 아름답게 만들며, 그른 것을 옳게 만들고 미천한 것을 고귀하게 만들며, 노인을 소년으로 만들고 겁쟁이를 용사로 만들지." 나는 여기에 한마디 더하고 싶다. "살아 있는 것도 죽게 만든다."

물고기 : "그와 같은 바보가 더 많아졌으면 좋겠다."

　세상의 강도들은 도둑질할 때 배우지 않고도 이렇게 말한다. "돈을 다 내놓을래? 아님 죽을래?" 이런 중요한 순간에 사람들은 무조건 생명을 선택한다. 만약 강도가 그들의 머리에 창을 겨누고 있지 않다면 이야기는 다를 것이다. 어떤 사람들은 자신이 조금 전과 같이 생사의 기로에 서 있다는 사실을 의식하지 못할 것이다. 물에 빠져 헤엄치는 사람은 노자의 "생명과 재산 중 어느 것이 더 귀중한가?"라는 질문에 답하지 못할 것이다. 일상생활 가운데 재물을 좋아하는 사람들은 물에 빠져 곧바로 익사하지는 않을 수 있지만 무게를 못 이기고, 조금씩 천천히 가라앉게 될 것이다.

무위무불위

만약 물속에서 헤엄치는 평범한 사람이 멍청해서 허리춤의 무거운 동전을 버리지 못하고 목숨을 잃었다고 생각한다면, 그 생각은 틀린 것이다. 역사적으로 총명한 많은 사람들이 이 같은 실수를 범했다. 그들을 물 아래로 조금씩 당기고 있는 것은 두 개의 보따리다. 하나는 이익이고, 또 하나는 명예다. 사실 중국은 재물과 명예를 '명리(名利)'라는 한 단어로 말한다. 노자는 명예와 이익을 위해 목숨을 내놓는 사람들을 심하게 비판했다. 동시에 "명예와 생명 중에서 어느 것이 더 가까운가, 생명과 재산 중에서 어느 것이 더 귀한가, 득과 실 중 어느 것이 더 고통스러운가"라고 물었다.

항우는 비극적인 영웅으로 널리 알려져 있다. 그는 진나라 말기 초나라 사람이다. 춘추전국시대에 초나라는 진나라에 의해 정복당했다. 항우는 대택향봉기(大澤鄕起義)에서 회계군(会稽郡)의 군수를 죽이고 봉기해 진나라를 치기 위해 반군을 모았다. 거록(巨鹿)전쟁 이후, 군대를 이끌고 관내에 들어가던 중 진나라를 멸망시키면서 그 위력을 떨쳤다. 봉기군 중에는 유방이라는 유명한 지도자가 있었다. 항우는 명성과 사회적 지위가 높은 명문 집안 출신이었지만, 유방은 보통 가정에서 태어났지만 일처리가 매끄러웠고 굽혀야 할 때와 펴야 할 때를 알았다. 그래서 이들 사이의 왕위쟁탈전은 중국 문학과 희곡의 영원한 주제가 되었다.

항우는 유방을 포로로 잡거나 물리칠 수 있는 기회가 많았다. 초반에는 유방의 세력이 약했다. 항우는 자신의 힘을 믿고 약한 자를 괴롭히고 싶지는 않았기 때문에 매번 유방이라는 호랑이를 산으로 돌려보냈다. 놓친 기회 중에서 가장 유명한 사건이 바로 홍문연(鴻門宴)이다. 항우는 유방을 붙잡아 자기 진영의 연회에 참가시켰다. 당시 항우가 따랐던 범증(范增)이 옥잔을 들어 항우에게 유방을 죽이라는 표시를 했다. 그러나 항우는 머뭇거리며 묵묵히 있었을 뿐 대답이 없었다. 결국 유방은 털끝 하나 다치지 않고 도망칠 수 있었다. 항우는 사람들의 웃음거리가 되지 않기 위해 유방을 죽이지 않았다. 노자의 "명예와 생명 중 어느 것이 더욱 가까운가"라는 이치를 이해하지 못했다. 이후 유방의 세력은 점점 강대해지고, 유방은 은혜를 원수로 갚았다.

결국 항우의 군대는 해하(垓下)에서 패했다. 병사는 부족해지고 식량이 끊겼으며, 한나라 군대와 제후들의 군대에게 여러 겹으로 포위당했다. 밤이 되자 한나라 군사들이 사방에서 모두 초나라의 노래를 부르는 소리가 들렸다. 항우가 크게 놀라며 말했다. "한나라 군사가 이미 초나라를 손에 넣었단 말인가. 어찌 초나라 사람이 이토록 많은가!" 항우는 한밤중에 일어나 장막에서 술을 마셨다. 항우에게는 '우희(虞姬)'라는 아름다운 여인이 있었는데, 늘 총애하여 데리고 다녔다. 또한 '오추마(烏騅馬)'라는 준마를 항상 타고 다녔다. 항우는 이 준마의 말고삐를 풀어주었지만, 오추마는 떠나지 않았다. 우희는 항우에게 "(그동안)저는 당신이 제게 춤을 청해도 완곡히 거절했습니다. 오늘 제가 당신을 위해 춤을 추겠습니다"라고 말했다. 이에 항우는 슬피 노래 부르고 울분을 토하면서 춤에 맞춰 시를 지었다. 바로 이 비장한 시가 이후 수억 명 중국인의 마음을 움직인 항우의 「해하가(垓下歌)」였다.

힘은 산을 뽑고 기개는 세상을 덮을 만한데
시운이 불리하니 오추마가 앞으로 나아가지 못하는 구나.
오추마가 앞으로 나아가지 못하니 이를 어찌하면 좋은가!
우희야, 우희야, 이를 어찌한단 말이냐?

춤이 끝나자 우희는 자결했다. 항우는 불리한 정세 속에서 동쪽의 '오강(烏江)'을 건너고자 했다. 오강의 정장(亭長)이 강 언덕에 배

항우는 명예를 중하게 여겨 패했다.

를 대고 기다리다가 항우에게 "원컨대 대왕께서는 얼른 건너십시오. 지금 이 강에는 신에게만 배가 있어 한나라 군사가 이곳에 온다 해도 강을 건너지 못할 것입니다"라고 했다. 항우가 웃으며 "하늘이 나를 버리려 하려는데, 내가 강을 건너서 무엇 하겠나! 내가 강동의 자제 8,000명과 함께 강을 건너 서쪽으로 갔었지만 지금 한 사람도 돌아오지 못했다. 설사 강동의 부형들이 불쌍히 여겨 나를 왕으로 삼아준다고 한들 무슨 낯으로 그들을 대하겠는가?"라고 말했다. 여기서 항우는 또 한 번 노자의 "명예와 생명 중 어느 것이 더 가까운가"라는 이치를 깨닫지 못했다. 체면 때문에 동산(東山)에서 재기할 수 있는 기회를 놓쳤다.

고개를 들어 보니, 대군은 이미 가까이 왔고 항우는 근접전을 벌이고 있었다. 홀로 한나라 군사 수백 명을 무찌르면서 피로가 몰려왔다. 항우는 갑자기 만난 옛 부하에게 "듣건대 한나라 왕이 내 머리에 천금을 걸었다고 하니, 그대들에게 은혜를 베풀어 주겠노라"라고 말하고는 스스로 목숨을 끊었다. 항우는 과거를 차분하게 되돌아보지 않고, 오히려 자신의 실패가 하늘과 시대 상황이 만들어낸 것이라고 생각했다. 그는 명예를 지나치게 중시했고 숙적을 계속해서 풀어주었다. 지나치게 체면을 의식해 고향에 돌아가 재기하는 것도 도모하지 않았다. 명예를 중시했던 초패왕은 많은 동전을 짊어지고 헤엄치는 사람처럼 한걸음씩 천천히 심연으로 가라앉았다.

현실에서 우리는 너무 많이 고민한다. 그리고 이를 체면의 한 부분으로 본다. 이런 짐을 완전히 내려놓아야만 자유로 돌아갈 수 있다는 것을 잊어버린다. 언제나 동료들이 자신을 뛰어넘을까 두려워한다. 유언비어를 두려워하고 결국 자신을 파멸시키고 나서도 이를 알지 못한다. 다른 사람들의 평판을 지나치게 의식하고, 자신의 이미지가 훼손될까 걱정한다. 항상 "내가 너무 뚱뚱한 것은 아닌지", "내 차의 수준이 낮지는 않은지", "모두가 나를 좋아하는 것인지" 등을 고민한다.

외부의 물질과 사정은 자아의식과 떼려야 뗄 수 없는 부분이다. 노자가 우리에게 제시한 질문에 마주해야 한다. "명예와 생명 중 어느 것이 더 가까운가, 생명과 재산 중 어느 것이 더 귀중한가, 득과 실 중 어느 것이 더 고통스러운가." 우리는 항상 무의식적으로 잘못된 선택을 한다. 노자가 이런 잡념을 치료해 줄 것이다.

명예와 생명, 어느 것이 더 소중한 것이며
생명과 재물, 어느 것이 더 귀중한 것이며
욕심을 가지는 것과 버리는 것,
어느 것이 더 병이라 할 것인가.
큰 집착은 소중한 것을 잃게 되고
가지는 것이 많아지면 잃는 것도 많아진다.
분수를 알면 욕되지 않고,
자기 분수에서 그칠 줄 알면
위태롭지 않아 오래 안전할 수 있다.[48]

이전과 비교해서 현대인에게는 더 많은 것들이 생겼다. 예컨대 휴대폰, 자동차, 그리고 집 같은 것들이다. 그러나 이런 물건들이 생활의 의미를 빼앗았다는 것은 모른다. 내가 아는 어느 사업가는 수천 명의 전화번호가 저장된 휴대전화를 잃어버려 큰 손해를 보았다. 당시 중국에서는 모두 '꽌시(중국인 특유의 비공식적 인간관계)'에 의존했고, 사업이나 사교 네트워크가 활발했기 때문이다. 만약 어떤 일을 해내고 싶다면, 이를 도와줄 수 있는 사람을 직접적이든 간접적이든 찾아야만 했다. '꽌시'가 없으면 아무것도 될 수 없었다. 따라서 그는 뜨거운 솥 위의 개미처럼 걱정을 시작했다. 하루 종일 아무것도 할 수 없는 좌불안석 상태였다. 그런 그가 집으로 돌아가는 중 아파트에 이르렀을 때 기적이 일어났다. 예전에는 한 번도 주의 깊게 보지 못한 것이 눈길을 끌었다. 건물 앞 묘목이 벌써 아름드리나무가 되었다. 한 번도 이 변화를 눈치채지 못했었다. 아파트에 들어갈 때도, 가족들과 함께 저녁 식사를 할 때도 매번 다른 사람과 전화를 했었다. 그러나 그는 난생 처음 밥을 먹으며 통화하지 않게 되었다. 고개를 들어보니 흰머리가 희끗희끗한 여사님과 늘씬한 아가씨가 서 있었다. 오래전 여사님은 고운 머릿결을 가지고 있었고, 아가씨는 막 걸음마를 시작했었다. 바로 그의 아내와 딸이었다. 지난 10년 동안 제대로 본 적이 없었다. 지금에서야 따뜻하게 그들을 보고, 그들도 그를 보며 미소를 지었다. 몇천 통의 전화에 놓쳐버렸던 지난 10년이 다시 그의 곁으로 돌아왔다.

그는 먼저 집에 앉아 무위, 아무것도 하지 않았다. 친구와 만나지 않았고 사업 파트너와 협상하지도 않았으며, 경쟁자에 대응하기 위해 비밀리에 회의를 하지도 않았다. 사실상 무위와 무불위했다. 즉 가족과 다시 소통하기 시작하면서 자신을 새롭게 정의했다. 여기에는 득과 실이 있었다. 노자가 "세상일이란 손해가 이익을 가져오기도 하고, 이익이 손해를 가져오기도 한다"[49]고 말한 것처럼, 휴대전화를 분실했지만 그동안 발견하지 못했거나 잃어버렸던 것을 찾게 되었다. 바로 가족과 행복, 그리고 생활이다. 예전에 잃어버린 한 가정의 아름다움을 찾게 되었다. 무위는 바로 지금 이 자리로 돌아와 자신을 득과 실의 유혹 속에서 빼내는 것이다.

휴대전화를 잃어버려야 무위가 가능한 것은 아니다. 평소와 다른 아주 간단한 일을 하면 된다. 예컨대 휴대전화를 집에 두고 오거나 숲에서 책을 읽거나, 나무에 메시지를 담은 종이를 걸어보거나, 양팔을 벌리고 몇 분간 서 있다거나 찬란한 별이 빛나는 하늘을 올려다보는 것이다. 만약 당신이 우주 최고의 화려한 문장이 우주 그 자체라는 것을 알게 되면, 당신은 일상적이지 않은 일로 인해 남들의 시선을 신경 쓰지 않게 될 것이다. 이 또한 용기가 필요하다. 오늘날 우리는 우주의 화려한 문장을 놓치고 싶어 하지 않는다. 고개를 들어 하늘을 보고, 무위하며 무불위 해야 한다. 무위, 그러나 사실상 무불위의 과정 속에서 탐욕을 버리고 자유를 얻으며 족쇄를 벗는다. 우주가 당신 앞에서 자신을 발견해주기를 기다리고 있다.

아름다움

"사람들은 모장(毛嬙)과 여희(麗姬)를 아름답다고 여기지만 물고기는
그들을 보면 물속으로 깊이 도망가고, 새는 그들을 보면 하늘로 높이
날아가고, 사슴은 그들을 보면 힘껏 달아난다. 이 네 가지 중에서 누가
천하의 올바른 아름다움을 아는가?"[50]

철학가와 사상가들은 수천 년 동안 아름다움에 대해 논해왔다.
그리고 아름다움(美)은 하나의 수수께끼(謎)가 되었다. 만약 우리가
아름다움의 의미를 알 수 있다면, 스스로의 정신세계를 해방할 수
있을 것이다. 가뭄을 겪는 소작농에게는 땅을 덮는 먹구름이 세상에
서 가장 아름다운 것이다. 중세의 기사에게는 연인의 머리카락 한
가닥이 가장 아름다울 것이며, 월스트리트의 애널리스트는 나스닥

지수가 올라가는 모습이 가장 아름답다고 생각할지 모르겠다. 수학자는 완벽한 등식이나 매끄럽게 정리된 증명에서 아름다움을 찾을 것이다. 사실 이런 것은 아름다움이 아니라, 만족감에 대한 필요를 이야기하고 있다. 아름다움은 필요도 아니고, 바싹 마른 입술도 아니고 한껏 내민 두 손도 아니다. 그것은 마음과 영혼의 체험이자 타오르는 마음이고 앎을 탐구하는 것이다. 아름다움은 어떤 목표처럼 성취할 수 있는 것이 아니다.

공자께서 제(齊)나라에 있을 때 순(舜)임금의 음악인 소악(韶樂)을 들으시고, 석 달 동안 고기 맛을 모를 정도로 심취하시더니 다음과 같이 말씀하셨다. "음악(音樂)을 이러한 경지에 이르도록 만들 줄은 생각하지 못했다."[51]

공자는 진정한 아름다움을 체험했다. 그는 소악이 절박하게 필요하지도 않았고, 생존과도 상관없었다. 그러나 세상으로부터 모욕당하고 상처받은 마음을 가지고 있었다는 것까지는 부인할 수 없다. 음악을 들었을 때, 그 강렬함은 식욕도 뺏어갔다. 이처럼 아름다움은 자연의 일종이다. 에머슨(Ralph Waldo Emerson)은 "자연은 아름다움에 대한 사랑이란 이름으로 인간에게 결핍된 고결함을 채워준다"고 했다. 아름다움과 달리 성공은 필요를 충족시켜 준다. 성공을 통해 많은 것을 가질 수 있지만, 아름다움처럼 마음을 움직이는 내적인 존재감은 없다. 아름다움은 목표가 없는 과정이며 일종의 무위다. 아름다움은 누구도 소유할 수 없기 때문이다.

우리는 세상의 모든 것을 가질 수 없다. 그것을 가진다고 하면 그 많은 것을 어디에 둘 것인가. 마찬가지로 세상의 모든 일에 성공할 수 없다. 설사 그렇게 하더라도 그것을 어떻게 감당하겠는가. 그러나 세상에서 가장 아름다운 것은 느낄 수 있다. 소유할 수 없기 때문에 다른 곳에서 가져와 당신 것으로 만들 필요가 없다. 그저 보고 체험하며 느낄 수 있을 뿐, 소유할 수는 없다. 아름다움이 가진 묘미란 당신의 것이 아니라는 점이다. 아름다움은 빼앗을 수도 없고, 다른 사람과 공유하는 것을 막을 수도 없다. 성공은 유한하지만 아름다움은 무한하다. 노자가 말했다. "아름다운 것은 아름답지 않은 것과 함께하고 선한 것은 선하지 않은 것과 함께한다."[52]

아름다운 것을 보았을 때, 우리는 이를 소유하고자 한다. 아름다움을 소유하고자 하는 몸부림은 어느새 추한 악몽이 되어버린다. 아무것도 하지 않을 때, 아름다움은 자연스럽게 당신을 관찰하고 스며들어 미지의 세계로 이끌 것이다. 그때야 비로소 진정한 아름다움을 찾을 수 있다.

자연을 믿는 사람들은 별이 총총히 박힌 하늘의 광활함을 먹고 자란 마음을 품고 있고 이를 통해 도시의 소음이나 사람으로부터 스스로를 지킬 수 있다. 일상을 방해하는 많은 일들, 예컨대 전쟁, 혁명, 벗의 죽음, 이에 따른 고통과 슬픔 등에 대해 별이 총총하게 박힌 하늘이 말을 걸 것이다. 옛 이야기를 통해 당신을 위로하고 슬픔을 어루만져 줄 것이다. 하늘은 모든 일은 찰나라고 말해 줄 것이다. 은하가 반짝이고 부엉이가 노래하며, 별똥별이 떨어지고 달빛은 환하며, 총총한 별들이 빛나는 이 모든 것은 아주 잠시뿐이라며 말이다. 밤의 정적은 낮의 소란스러움을 집어삼키고, 모든 움직임이 멈춰 숨을 돌린다. 파도가 밀려 들어왔다 다시 빠져나간다. 폭풍이 지나가면 바다는 다시 잠잠해진다. 달빛은 평온한 수면 위를 비추고, 물은 버드나무 아래에 잔물결을 이룬다. 모든 것은 평정으로 돌아온다. 이 또한 자연의 법칙이다. 자연의 광경들로부터 고요함을 즐기는 방법과 힘을 가질 수 있는 이치를 깨닫는가. 멀리서 들려오는 목소리가 있기 때문에 온갖 찰나의 걱정들을 잊을 것이다. "이 또한 지나가리라."

우주의 거울에 비친 아름다움은 영원하다. 그 거울의 일부가 될 때 진정한 아름다움의 일부가 된다. 꽃이 만개한 정원을 걸어도 절대 꽃을 꺾지 않고, 천사들과 나래를 펼치지만 그들과 결코 싸우지 않고, 용과 함께 춤을 추지만 그것을 사냥하지 않아야 한다. 아름다움은 일종의 자유다. 여기서 자유란 세상사로부터, 그리고 성공과 노력의 결과로부터 자유로워지는 것을 말한다. 성공과 아름다움의 갈림길에서 장자는 아름다움을 선택했다.

장자는 복하(濮河)에서 낚시하던 중, 초나라 국왕이 두 명의 대부를 보내 그를 (관직으로) 모시러 왔다. 장자는 낚싯대를 들고 (그들

높이 올라도, 아름다움을 가질 수는 없다.

을) 쳐다보지도 않은 채 말했다. "듣자 하니 초나라에 신령한 거북이 한 마리가 있다던데, 죽은 지 3,000년이라오. 국왕이 비단으로 잘 감싸 대나무 상자 안에 넣어 묘당에 고이 간직했소. 그 거북이는 죽어 뼈를 남겨 사람들이 그 뼈를 소중히 여기길 바라겠소, 아니면 차라리 살아서 진흙 속에서 꼬리를 흔들고 다니겠소." 두 대부가 말했다. "차라리 진흙 속에서 꼬리를 흔들겠소." 장자는 말했다. "돌아가시오! 나는 진흙 속에서 꼬리나 흔들고 있을 터이니."

1976년, 나는 중국 역사상 가장 큰 자연재해인 당산(唐山)대지진을 겪었다. 그 곳은 당시 내가 다니던 학교와 매우 가까웠다. 이 지진은 역사상 가장 많은 24만 명의 사상자를 낳았다. 그날 밤 온 세계가 흔들리는 것을 느꼈다. 마치 작은 배를 타고 망망대해에서 위아래로 요동치는 것 같았다. 우리는 기숙사에서 미친 듯이 달려 나왔다. 전교생이 운동장 한가운데에 서 있었다. 방으로 돌아갈 수 없어, 건물 밖에서 며칠을 보냈다. 다시 강렬한 여진이 엄습해 와 기숙사와 교실을 흔들어놓았다. 마치 바람 앞의 야생초 같았다. 우리 모두 그 곳에 서서 대자연의 위력을 그저 바라볼 수밖에 없었다.

성이 위안(袁)인 여학생이 갑자기 말했다. "너무 아름답다." 모든 사람이 조용해졌다. 아무도 그녀를 때리지 않고 반혁명이라고 말하지도 않았으며, 세상을 우습게 안다고 생각하지도 않았다. 모두 깊은 생각에 빠졌을 뿐이다. 이 말은 내 마음속에 몇 년간이나 맴돌았다. 특히 나중에 그녀가 자살했다는 소식을 들었을 때 그녀의 말이 떠올랐다. 그 재난 속에서 그녀는 어떤 아름다움을 보았을까. 우리의 교실, 우리의 캠퍼스, 우리의 기숙사였는데…… 그날 밤, 잘 곳도 공부할 교실도 없었는데…… 어떻게 아름다울 수 있었을까. 어쩌면 그녀는 대자연이 보여주는 힘을 보았는지도 모른다. 그녀는 우리가 당연하게 받아들이는 일상이 한순간에 산산이 찢길 수 있다는 사실을 깨달은 것인지도 모른다. 어쩌면 그녀가 본 것은 죽음이고, 인류의 논리와 자연재해의 충돌일 수 있다. 그녀에게 아름다움이란 어떤 결과로 이어지지 않는, 일상으로부터 떨어져 미지의 세계에서 고립되어 있었던 것인지도 모른다.

내 친구는 아마 장자의 관점에 동의할 것이다. 조물주는 파괴하면서도 그 속에 아름다움을 내포하고 있다. 장자는 이런 이야기를 했다.[53]

자사(子祀), 자여(子輿), 자려(子犁) 그리고 자래(子徠) 네 사람이 함께 이야기를 나누다가 이렇게 말했다. "누가 무(無)를 머리를 삼고, 생(生)을 척추로 삼으며, 사(死)로 꽁무니를 삼을 수 있겠는가? 누가 생(生)과 사(死), 존재함(存)과 망함(亡)이 한 몸임을 아는가? 만일 그런 사람이 있다면 우리는 그와 사귀고 싶다." 그러고는 네 사람이 서로 쳐다보면서 빙그레 웃고 마음에 거슬리는 것이 없자 마침내 서로 벗이 되었다.
얼마 있다가 자여가 병에 걸리자, 자사가 가서 병의 차도를 물으며 말했다.

"기이하구나! 조물주가 그대를 이처럼 구부러지게 하였구나."

구부러진 곱사등이 등에 생겨 오장이 위에 붙고, 턱은 배꼽 아래에 숨고, 어깨는 이마보다도 높고, 상투는 하늘을 가리키고 있는데, 음양의 기(氣)가 조화를 잃어버렸는데도 그 마음은 한가로워 아무 일 없는 것 같았다.

자여가 비틀비틀 걸어가 우물에 자기 모습을 비춰보고는 말했다.

"아아! 저 조물주여, 거듭 나를 이처럼 구부러지게 하는구나."

자사가 말했다.

"그대는 그것이 싫은가?"

자여가 말했다.

"아니다. 내가 무엇을 싫어하겠는가. 가령 나의 왼쪽 팔뚝을 서서히 변화시켜서 닭이 되게 한다면, 새벽을 알리는 울음을 내게 할 것이고, 가령 오른쪽 팔뚝을 서서히 변화시켜서 탄환이 되게 한다면 그것으로 새를 잡겠네. 가령 엉덩이를 변화시켜서 수레바퀴가 되게 하고 내 정신을 말(馬)이 되게 한다면, 그것을 따라 수레를 탈 것이니 어찌 다른 수레가 필요하겠나? 생명을 얻는 것도 때를 따르는 것이며, 생명을 잃는 것도 때를 따르는 것이니, 태어나는 때를 편안히 맞이하고 죽을 때를 순하게 따르면 슬픔이나 즐거움 따위의 감정이 내 마음에 들어올 수 없다. 마치 옛날 '거꾸로 매달렸다가 풀려났다'는 말과 같이. 그런데도 사람들이 스스로 풀려나지 못하는 것은, 사물이 그것을 묶어 놓고 있기 때문이다. 또 사물이 자연을 이기지 못한 지 오래되었는데 또 무엇을 싫어하겠는가."

또 얼마 있다가 자래가 병에 걸려 헐떡거리면서 막 죽게 되자 그 아내와 자식들이 빙 둘러싸고 울고 있었는데, 자려가 가서 위문하고 이렇게 말했다.

"쉿! 저리들 비키시오! 이 엄숙한 변화의 작용을 방해하지 마시오."

자려가 문에 기대어 자래에게 말했다.

"기이하구나! 조화여. 또 그대를 무엇으로 만들려 하며, 그대를 어디로 데려가려고 하는가. 그대를 쥐의 간으로 만들 것인가. 그대를 벌레의 다리로 만들 것인가."

자래가 말했다.

"부모란 자식에게 동서남북 어디로 가게 하든지 오직 명령을 따라야

그들은 내심 같은 생각을 했다.

하는 존재이다. 음양(陰陽)은 사람에게 단지 부모와 같을 것만은 아니다. 저 음양이 나를 죽음에 가까이 가게 하는데, 만약 내가 따르지 않는다면 나만 버릇없는 자가 될 뿐이니 저 음양에 무슨 죄가 있겠는가. 대자연은 육체를 주어 나를 이 세상에 살게 하며, 삶을 주어 나를 수고롭게 하며, 늙음을 주어 나를 편안하게 하고, 죽음으로 나를 쉬게 한다. 그 때문에 나의 삶을 좋은 것으로 여기는 것은 바로 나의 죽음을 좋은 것으로 여기기 위한 것이다. 지금 대장장이가 쇠붙이를 녹여서 주물을 만드는데, 쇠붙이가 뛰어 올라와 '나는 장차 반드시 막야와 같은 명검(名劍)이 되겠다'고 말했다면, 대장장이는 상서롭지 못한 쇠붙이라고 여길 것이다. 이제 한 번 인간의 형체를 훔쳐 세상에 태어나 '언제까지나 오직 사람으로만 살겠다'고 말한다면, 조물주도 상서롭지 못한 사람이라고 생각할 것이니, 지금 천지를 커다란 용광로로 삼고, 조화를 대장장이로 삼았으니, 어디로 가서 무엇이 된들 좋지 않겠는가? 편안히 잠들었다가 화들짝 깨어날 것이다."[54]

위안이라는 성을 가진 내 친구의 말은 우리의 침묵 속에 사라졌다. 그녀의 목소리는 마치 어두운 그림자가 무서워 몸을 떠는 어스름한 빛과 같았다. 평소 같았다면 반동분자라고 찍혔을 수도 있었다. 그러나 자연재해 앞에 선 순간, 모두가 '놀라움'과 함께 침묵에 휩싸였다. 그녀는 자연이 자신을 비트는 것, 마치 장자가 자연이 건강한 사람을 장애를 가지게 만드는 것을 본 것이다. 그녀는 철학자가 아니었지만 장자와 맞닿아 있었고, 거기서 발생한 불꽃은 2,500년을 넘어 우리 눈앞에서 반짝였다. 여기서 아름다움은 무불위다. 자연은 어떤 일이든 할 수 있다. 우주를 창조할 수도 있고 파괴할 수도 있으며, 우리가 당연하게 생각하는 규칙을 바꿀 수도 없앨 수도 있다. 이러한 자연이 행하는 무불위 상태를 알 때, 무위에 다다를 수 있다. 무엇이든 하는 것과 무엇이든 하지 않는 것의 대비를 확인하는 순간, 거기서 영혼을 정화하는 카타르시스를 느낀다. 불안, 기대감, 그리고 후회는 모두 헛된 것이다. 무위와 무불위의 대비란 참으로 아름답다.

진정한 아름다움은 이해할 수 없다. 예술가는 아름다운 색, 선형, 그리고 이미지를 만든다. 그들은 볼 수 있지만 형식적으로 이해할 수 없고, 말로는 표현하지 못하는 아름다움을 짚어낸다. 구름이 감싼 높은 산과 구불구불한 계곡에 한가로이 배를 타는 어부를 그린 중국의 전통 회화를 종종 볼 수 있다. 그 그림에는 자연계가 크고 인물은 작다. 또한 눈, 정자, 계곡, 산맥을 자주 볼 수 있다. 눈은 쓰리도록 추운 겨울을 보여주는 것이 아니라 봄이 오는 것을 상징한다. 마치 '상서로운 눈은 풍년의 징조(瑞雪兆豊年)'라는 말과 같이 말이다.

정원은 휴식과 풍경을 감상할 수 있는 공간이며, 마음과 우주를 연결하는 활짝 열린 창문이다. 계곡은 물이고, 도가에서 가장 좋은 것이다(上善若水). 공자는 "어진 사람은 산을, 지혜로운 사람은 물을 좋아한다"고 말한 적이 있다. 산은 인도적인 면모를 나타낸다. 산과 물이 서로 만날 때, 도가와 유가의 사상이 융합되고 조화를 만든다. 당대의 시인 왕유(王維)는 「산속의 가을밤(山居秋暝)」에서 이렇게 말했다.

> 빈 산에 막 비 내린 뒤
> 날씨는 가을날 저녁 무렵에
> 밝은 달은 소나무 사이로 비추고
> 맑은 샘은 바위 위로 흐른다.

모든 광경은 평화롭고, 희망차며 화해의 분위기를 나타낸다. "시간은 변하고 있고, 물은 움직이고 산맥은 멈춰 움직이지 않는다. 이곳에서 잘 쉬어라. 그러면 곧 좋아질 것이다. 아무것도 할 필요가 없다"고 말하는 듯하다.

서양의 르네상스 시대에는 인간이 그림의 중심이었다. 〈모나리자의 미소〉는 인간이 캔버스의 대부분을 차지한다. 그림 속에 자연이 있다 해도 구석에 배치한다. 서양인들에게 아름다움이란 인간으로부터 비롯된 것으로 얼굴과 몸을 통해 발현된다. 만약 인류의 몸이 고통을 견뎌낼 수 있다면, 이는 더욱 아름다운 것이다. 예컨대 십자가에 못 박혀 고통 받은 예수의 상징적 의미를 제외하더라도 정신적으로는 극도의 아름다움을 구현한 것이다. 말할 수 없는 고통을 감수하며 자신을 희생했다. 그의 얼굴과 몸은 사심 없고 희망적인 아름다움을 지니고 있다. 그의 희망은 인간세계에 퍼져, 마치 인류가 세계의 중심이 되어 어떠한 악함도 물리칠 수 있다는 듯이, 용을

중국 회화의 영원한 주제는 높은 산이다.

죽이고 병을 치료할 수 있는 존재로 믿게 한다.

이와 같이 인간의 괴로움을 그리는 서양 회화의 이미지는 자연경관을 담는 전통적인 중국 회화와 대조를 이룬다. 중국인들은 자연경관을 주제로 삼는다. 대자연과 인류라는 서로 다른 두 개의 중심들은 서로 다른 생활방식을 나타낸다. 중국인이 화약을 발명하여 폭죽을 만들었지만, 유럽인은 그것을 이용하여 무기를 만들었다. 산업혁명은 인류가 자연을 정복하는 과정에서 시작되었다. 이는 도가의 자연을 따르라는 법칙을 위배했다. 그 결과 지겹도록 경험하고 있는 환경오염을 가져왔다. 자연정복과 자연을 따르는 것은 대립적이기도 상호보완적이기도 하다. 어느 것이 더 좋다고 단정지을 수 없고, 두 가지 모두 사용해 나아가야 한다. 대자연을 이해하고 감상하는 동시에 이를 바꿀 수도 있다. 무위와 무불위는 우주를 노래하는 데 가장 기본이 되는 두 가지 선율이다.

이것이 바로 세상이다. 동화 속 왕자와 공주처럼 그렇게 영원토록 행복해야 한다. 어느 날 세상이 우리가 당연하게 생각하던 조화를 뒤엎는다고 해도, 신의 역할을 하고 있지 않다는 것을 깨닫고 우리가 원하는 대로 세상을 주무르려고 하지 않는다면, 세상은 여전히 아름다울 것이다. 이것이 바로 예술이다. 우리가 우주의 일부라는 것을 인정해야 냉정하고 굳은 의지로 삶에 대해 이렇게 말할 수 있을 것이다. "난 당신을 믿는다. 당신이 해야 하는 일을 가서 해라." 당신의 삶은 특유의 방식으로 당신의 소망에 답할 것이다.

사랑

어떤 남자가 여자를 사랑한다고 치자. 그가 그녀와 결혼하면, 50퍼센트의 확률로 이혼할 수도 있고, 99.9퍼센트의 확률로 어느 한쪽이 먼저 죽을 수 있다. 남은 사람의 슬픔은 지난 시간 함께 했던 행복과 무게가 같을 것이다. 그렇다고 부부가 결혼을 하면 안 된다거나 아름다운 시간을 보내지 말라는 뜻은 아니다. 다만 지금 누리고 있는 그 행복을 잃을 수도 있다는 사실을 깨달아야 한다는 것이다.

한나라 유향(劉向)이 이야기한 용에 대한 섭공(葉公)의 이야기를 들어보자.

섭공은 '용' 사랑이 대단했다. 심지어 허리띠, 술잔에도 용을 그려 넣었으며, 용에 관한 모든 것을 모아 집을 단장했다. 커튼에는 용이 자수되어 있었고, 집 기둥은 용 문양이 새겨져 있었다. 하늘에 사는 진짜 용이 섭공의 이 애정에 감동해 섭공의 집을 방문하기로 했다. 용은 꼬리를 뒷마당에 애써 얹어 놓고, 섭공의 집 창문에 얼굴을 가져다 댔다. 섭공은 실제 용을 보고 그 힘과 크기에 너무나 놀라 모든 것을 버리고 멀리 도망갔다. 넋을 잃고 안색이 사라질 정도였다.

재물, 결혼, 사회적 지위 같은 것이 바로 '진짜 용'이다. 그것을 가지고 있을 때는 이미 우리가 생각하는 대로 되지 않는다. 그러나 여전히 그것을 위해 일하고 성공을 좇는다. 이렇게 하는 것은 그 과정에서 즐거움을 누리기 위한 것일 뿐, 그 목적 자체가 반드시 필요

섭공(葉公)은 그토록 사랑하던 용에 놀라 도망간다.

한 것은 아니다. 항상 인과관계를 이해할 수는 없다. 결과는 간혹 처음 시작할 때의 의도를 뒤집기도 하고, 목표 또한 매번 실현할 수 있는 것도 아니다. 우리가 행동하는 이유는 목표 달성이라는 행복감을 추구하는 것과 그 과정의 아름다움을 느끼기 위한 것이다. 의도는 결과보다 귀하고 과정은 목표보다 아름답다. 자연의 섭리에 순응하면, 무위와 무불위를 할 수 있다. 초조함은 자신에게 신의 역할을 부여했을 때 생기는 것이다. 우주의 운동을 통제하지 못하는 것처럼 우리의 운명도 통제하지 못한다. 사랑은 달콤한 부담이고 지혜는 철저한 해탈이다. 이 두 방면을 통제할 수 있는 충분한 가능성이 있다. 마치 무위와 무불위의 관계를 잘 다루는 것처럼 말이다.

"라푼젤, 라푼젤, 머리를 내려주렴." 이번에는 라푼젤이 하늘 위로 용에게 머리를 던졌다. 섭공과 달리, 그녀는 전혀 용을 무서워하지 않았다.

사람들은 모두 사랑을 갈망한다. 그러나 정말 어떻게 사랑하는지를 알고 있을까? 마치 섭공처럼, 사랑 그 자체가 아닌 환상 속의 사랑을 갈망한다. 사랑은 인류가 가질 수 있는 가장 아름다운 감정이다. 사랑은 두 영혼의 결합이며, 비통함 속에서 서로를 의지하고 곤경 속에서 서로를 독려하며, 함께 서로의 기쁨을 공유하고 말없이 기억 속에서 하나가 된다. 사랑은 어떤 행위가 아니라 함께하는 것이다. 사랑은 자기가 좋아하는 사람에게 "내가 여기서 당신을 의지하고 당신을 굳건하게 하며, 당신과 부담을 나누고 하나가 될 거예요"라고 말하는 것이다. 만약 누군가를 사랑한다면, 늘 당신이 기쁠 때나 아름다운 일몰을 볼 때는 사랑하는 그 사람이 당신의 곁에 있

많은 중국의 시인과 예술가들은 이 영어 속담에 동의한다. "만약 누군가를 사랑한다면, 그 손을 놓아라."

기를 바라게 된다. 만약 정말 "당신이 내 곁에 있기를 바란다"고 생각한다면, 그 사람을 사랑한다는 것을 깨닫게 될 것이다. 왜냐하면 상대도 매 순간을 공유하거나 함께하고 싶다고 생각하기 때문이다. 사랑의 본질은 안녕이거나 무위이다.

가장 실패한 사랑은 "나는 당신의 것"이라 선언하는 것이다. "당신은 내 것"이라는 말도 마찬가지다. 이 두 문장은 사랑을 무너뜨리는 말이다. 상대방을 소유하는 행위는 무위의 사랑에 위배된다. 많은 사랑 노래에서 사랑을 하늘의 태양이나 별에 비유하곤 한다. 사람들은 모두 태양과 별의 아름다움을 찬미하지만, 그들을 원하지도

사랑이 차지하는 것이라면, 행복한 귀갓길은 전사들, 그들의 아내들 그리고 개들의 고통스러운 재회가 될 것이다. 서로 소유할 수 없다는 것을 믿는 것만이 부부가 행복해지는 길이다.

소유할 수도 없다. 이것은 무위의 아름다움이며, 사랑의 아름다움이다. "사랑과 전쟁 앞에선 모두가 평등하다." 사랑에 관한 이 말은 최악이다. 전쟁은 무불위이다. 즉 어떤 수단을 써서라도 상대방을 이기는 것이다. 만약 사랑을 전쟁같이 한다면, 요란함과 분노는 철저히 안녕과 아름다움을 덮어버릴 것이고 정복과 항복이 사랑의 대명사가 될 것이다. 사랑과 죽음은 낭만주의 문학의 매우 불편한 양대 주제였다.

음양합일(交𝑓)

음양은 도가의 기본적 변증법이다. 플러스와 마이너스, 앞과 뒤, 그리고 선악과 같이 양극단에서 대립되는 모든 것들이 해당된다. 그러나 사실 음양의 본래 뜻은 남성과 여성이다. 바로 이런 음양의 상호작용이 생명의 근원이다.

죽음의 반대는 무엇인가. 많은 사람들은 삶이라고 말한다. 그러나 사실, 한 세대에서 다음 세대로 이어지기 위해서 섹스는 필수불가결하다. 그런 의미에서 죽음의 반대말은 섹스라고 할 수 있겠다. 죽음은 한 인생이 끝나는 것이지만, 섹스는 집단의 영원불멸을 보장한다. 만약 죽음의 극단적 공포를 마주하는 것을 이해한다면, 섹스가 가진 기묘한 흡인력도 이해할 수 있을 것이다. 지극히 낭만적인 시인이거나 위풍당당한 전사, 아니면 지극히 평범한 소시민이라고 해도 자신의 짝과 함께 모험가가 되어 형언할 수 없는 오르가슴의 세계를 만들어나간다. 빛과 어둠, 혼란스러움과 분명함, 편안함과 위험 사이에서 서로를 체험한다. 적어도 그 순간, 그들은 세상을 향해 철저한 독립과 자유를 선언할 수 있다. 이 커플은 마치 올림포스 신과 여신이 된다. 그들의 시간은 멈췄고 생사를 넘나든다. 철학자, 예언자 등 권위 있는 사람들은 앞다투어 이 특이한 현상을 설명해왔다. 누군가는 음양의 결합을 억압하는 것으로, 다른 누군가는 해방의 일종으로 보았다. 대부분 섹스를 정치적이나 도덕적 렌즈를 끼고 보았다.

중국의 유학(儒學)은 섹스를 사회적 터부로 만들었다. 이것이 위선적이라고 느껴지는 이유는 중국 전통사회는 첩을 들이는 문화도 허용했기 때문이다. 공자는 "여자(女子)와 소인(小人)은 길러내기 어려우니, 가까이 하면 불손해지고 멀리하면 원망한다"[55]고 말한 바 있다. 유교는 기독교와 마찬가지로 섹스를 필요악으로만 보았고, 남녀의 지위도 결코 평등하지 않았다. 예술과 문학에서 섹스에 대한 주제는 금기시되었고, 음양을 설명하는 작품도 제한을 받았다.

반대로 도가는 섹스를 자연스러운 것, 그리고 음(여성)과 양(남성)의 평등한 조합으로 여겼다. 도가에게 있어서 섹스는 건강을 위한 것일 뿐 도덕과 정치와는 관련이 없었다. 이와는 달리 만물과 조화에 관한 주제이자 비사회적인 규약으로 보았다. 노자는 "도는 일(一)을 생하고 일은 이(二)를 생하나니 만물은 음양으로 존재하고 생명(沖氣)으로서 조화를 이룬다"[56]고 말했다. 노자는 음양이 결합할 때 조화와 평등을 실현할 수 있다고 했다. 아마 노자는 우리가 아는 최초의 페미니스트였을지도 모르겠다. 그는 "암컷은 고요히 조용하게 있으나 수컷이 모여든다. 조용히 겸허하게 아래에 있을 뿐"[57]이라고 했다. 그에게 있어 남녀관계에서 여자와 남자의 지위는 평등했다. 노자는 구체적 형상뿐 아니라, 다분히 계도하는 강연들을 통해 여성이 조용히 지키는 것을 자처하여 부드럽게 남성을 이길 수 있다고 말했다. 그는 부드러운 것이 굳센 것을 이길 수 있고, 물방울로 바위를 깰 수 있다는 논거를 들었다. 남자는 바위, 여자는 물에 비유했고, 남녀가 함께 조화와 기쁨, 건강을 창조한다고 생각했다. 이러한 노자의 결론은 사회에 대한 그의 관찰뿐 아니라 자연에 대한 이해를 토대로 했다. 자연에서 하늘과 땅은 서로를 보완하고 물과 불은 상극이며, 남과 여가 서로를 보듬는 것과 같은 이치다. 남자와 여자는 하늘과 땅으로 동일시되곤 했지만, 그들 각각은 서로 독립적이다. 천지는 영원하지만 남자와 여자는 죽음을 맞이해야 한다. 천지는 비와 눈, 무지개를 통해 서로 접촉한다. 남녀도 마찬가지다. 모든 음양의 섹스는 그 의미가 깊다. 마치 하늘과 땅 사이의 애무와 가벼운 스킨십과 같다. 많은 도가 문헌에는 방중술(房中術)에 관한 언급이 많다. 양(남성)과 음(여성)은 자연의 무불위 원칙을 지켜야 한다. 모든 노력을 다해 서로 조화를 이루어야 한다. 그래서 노자는 "만물은 음을 등에 지고 양을 가슴에 안고 있는데, 마주치는 기운으로 중화를 이루는 것"이라고 했다.

당나라 문인 백행간(白行簡), (776-826년)은 남성과 여성이 사계절에서 어떻게 대자연의 조화로운 아름다움을 본받아야 하는지를 묘사했다. 몸의 내부운동을 창밖의 사계절 변화와 대비시켰다.

> 남편에게 젊음과 부드러움이 있고, 부인에게 수줍음과 겸손이 있다면 날씨도 화창하니(봄이로다) 방에 수놓은 붉은 발을 친다. 꾀꼬리는 임을 찾아 숲으로 들고 제비는 날갯짓하며 맞는다. (……) 여름에는 넓은 집, 깊은 규방, 아름다운 휘장, 창 앞에 그림자 펼쳐지니 대자리에 꽃 빛이 비쳐든다. 저 멀리 수양버들 흔들리고 고운 비녀는 연못에 비춘다. (……) 가을에는 고운자리 다시 펴고 어스름한 저녁 붉은 금침(衾枕)을 편다. (……) 겨울에는 따뜻한 방에 향기 가득하니 서로의 손잡고 앉는다. 원앙을 입었도다. 예쁜 커튼이여. 산호베개를 베었도다. 거울이 배꽃 같구나. (……) 함께 술잔 기울이니 봄볕처럼 화사하고 붉은 화로 끼고 앉으니 쓸쓸하고 추운 기운 없도다.

이처럼 시적이고 건강한 음양합일의 묘사는 백행간의 『천지음양교환대악부(天地陰陽交歡大樂賦)』에서 나왔다. 이 문장은 프랑스 탐험가 펠리오(Paul Pelliot)가 1908년 둔황석굴(敦煌石窟)의 밀실에서 발견할 때까지 거의 천 년 동안 잊혀져 있었다. (어쩌면 섹스와 대자연의 사계를 대담하게 대비해 묘사했기 때문일지도 모른다.) 이 예사롭지 않은 발견을 간과해서는 안 되며 일상생활에서 충분히 활용해야 한다. 만약 자연경관과 우주 사이의 심금을 울리는 대합창을 성(性)과 연결한다면, 더욱 조화로운 성관계를 실현할 수 있을 것이다.

많은 성이 사적이고 은밀하다고 생각한다. 심지어 수치스럽고 죄를 지었다고 느낀다. 비밀스러운 공간에서 커튼을 쳐야만 섹스할 수 있다고 한다. 이것은 세상이 정정당당하게 할 수 있도록 허락하지 않았기 때문이다. 그러나 인류세계에서는 허락받지 못했지만 자연세계는 이를 허락했다. 인간의 섹스와 음양의 자연스런 교류는 서로 호응한다. 이러한 결합의 순간 이탈리아의 한 테너가 부른 아리아가 들려올 것이다. "Nessun Dorma(누구도 잠 들어선 안 되오! 그건 공주, 당신도 마찬가지, 차가운 당신의 침대에서 사랑과 희망에 몸을 떠는 별을 지켜보시오)." 만약 무불위를 해낼 수 있다면 동시에 두 가지 일을 할 수 있게 된다. 불을 끄며 반짝이는 은하수를 감상할 수 있고 계곡물이 흐르는 소리를 들으며, 사랑의 강 속에 빠져들 수 있다. 커튼을 올리면 달이 몰래 훔쳐보고 당신을 위해 응원한다. 대자연은 당신의 영원한 팬이고 자연을 향해 마음의 문을 연다면, 대자연은 최선을 다해 당신을 위해 승리를 기원하는 노래를 즐겁게 불러줄 것이다. 자연과 함께라면 당신과 당신의 파트너는 전 세계를 정복할 수 있다.

음양의 결합은 경이적일 만큼 위험할 수 있다. 마치 노자가 우리에게 강조한 것처럼, 행복을 비집고 도탄이 기어 나온다. 장자도 침대 위의 섹스와 테이블 위의 음식이 숨기고 있는 위험에 대해 언급한 적이 있다.

험한 길이 있어 열 사람 가운데 한 사람이 지나다 죽는다면, 아버지와 아들, 형제들은 서로 경계할 것이며 반드시 많은 하인들을 데리고서야 그 길을 나설 것이다. 이것이 지혜가 아니겠는가? 그러나 가장 두려워해야 할 것은 잠자리나 먹고 마시고 하는 일상생활이다. 이러한 것을 경계할 줄 모르는 사람들은 잘못된 것이다.

기효람(紀曉嵐, 1724-1805년)은 유명한 설화집 『열미초당필기(閱微草堂筆記)』에서 다음과 같이 썼다.

한 남자가 산 위의 집에 살았다. 어느 날 밤, 정원에 앉아 있었다. 아리따운 여자가 정원의 담장 너머에서 그를 염탐하고 있는 것을 보았다. 그는 사람을 홀리는 그녀의 얼굴만 볼 수 있었다. 그녀는 웃는 듯했고 시시덕거리는 듯했다. 그의 눈은 그녀의 예쁜 얼굴에 완전히 멈췄다. 갑자기 정원 밖 한 무리의 아이들이 소리 지르는 것을 들었다. "큰 뱀이 나무를 휘감고 있다! 뱀 머리를 벽에 걸어!" 남자는 그 여자가 뱀이라는 것을 깨달았다. 요괴가 사람으로 변해 그의 피를 빨고자 했던 것이다. 그녀에게 다가갔다면 생명이 위태로웠을 것이다.

이 이야기는 방탕한 행위의 숨겨진 결과를 보여주고자 했다. 이것은 한 사람의 건강, 심지어 생명을 해칠 수 있었다. 장자가 말했듯이 침대 위에는 거대한 위험이 숨겨져 있다. 특히 16세기 전, 중국에는 성병이 유행하지 않았을 때였기 때문에 장자의 통찰력이 더욱 뛰어났다는 것을 알 수 있다. 도가의 스승들은 '침대 위에서 일어나는 일'의 위험을 알았던 것이다. 아마 정신을 잃게 할 수도 있고 생명의 에너지를 소모할 수도 있다. 역사상 창궐한 성병과 비교했을 때, 오늘날 우리가 직면한 위험은 몇 백배나 더 위험하다. 에이즈의 출현은 전례 없는 위협을 가져왔다. 마치 뱀 요괴가 매력적 모습으로 전 세계의 하늘을 휘감고 있는 것처럼 말이다. 몇천 년 전에 노자와 장자가 발전이 극에 달하면 반드시 되돌아온다는 이치를 말했다. 오늘날 에이즈는 생과 사의 상반된 힘들이 차갑게 만나게 하고 있다.

우리는 노자와 장자의 가르침을 따라야 한다. 자연에 순응하고 기쁨에 취하라. 그러나 뒷일을 생각하라. 도가의 어떤 각도에서 보아도, 무위와 무불위는 음양의 상호작용처럼 완벽한 조화를 이룰 것이고 그때야 비로소 생명의 승리와 죽음의 실패를 선포할 수 있을 것이다.

이상

어떤 사람이 젊었을 때 이상을 가지고 있다면, 이를 실현하기 위해 노력할 것이다. 그러나 목표를 달성했을 때, 그것이 자신이 원하는 것이 아니었다는 것을 깨달을 수도 있다. 자신의 이상이 자신을 배반한 것이다. 사람은 언젠가 죽기 때문에 자신의 목표와는 영원히 분리되어야 한다. 목표를 이루기 위해 했던 노력도 물거품이 되어버린다. 사람은 자연의 일부이자 사회의 일부다. 목표를 향해 돌진하는 과정에서, 일 그 자체와 이를 위한 노력은 자연과 사회의 아름다움의 일종이다. 우리는 이러한 종류의 아름다움과 성취감을 누릴 수 있다. 그러나 성공이 우리에게 속한다고 생각해서는 안 된다. 성공은 찰나이기 때문이다.

우리는 목표를 설정할 때, 다른 사람의 말에 귀를 기울이곤 한다.

우리 모두 자기 삶에 대한 목표를 갖고 있지만, 성취할 수 있었던 적은 없었다. 목표를 달성해본 적이 없기 때문에 목표를 달성하는 것이 얼마나 만족스러운 것인지 모른다. 그래서 다른 사람들의 말에 귀를 기울이고 상상할 수밖에 없다. 다른 사람의 말을 들어야만 어떤 목표를 실현해야겠다는 동기를 부여받는다. 이 목표를 향해 노력해야 한다. 그러나 진정으로 이 목표를 실현했을 때, 그것이 이상적으로 바라던 것이 아니라는 것을 깨달을 수도 있다. 열자(列子)는 이런 이야기를 한 적 있다.

> 연나라에서 태어난 사람이 초나라에서 자랐는데, 늙게 되자 고국으로 돌아가고자 했다. 연나라로 향하는 길에 진나라를 지나게 되었다. 그와 동행하던 사람이 그를 속이려고 성곽을 가리키며 "이 성곽은 연나라 성곽이네"라고 하자, 그는 슬픈 표정을 지었다. 그리고 지신(地神)을 모시는 곳을 가리키며 "이곳이 연나라 지신을 모시는 곳이네"라고 하자 향수에 젖어 한숨을 쉬었다. 또한 그에게 어떤 집을 가리키며 "당신 부모님과 조부모가 살았던 곳이네"라고 하자 슬피 울었다. 길가 흙더미가 대대로 내려온 조상의 묘라고 하자, 또 흐느껴 울었다. 그와 동행한 사람이 마구 웃으며 "내가 지금까지 자네를 속였네. 이곳은 진나라라네"라고 말했다. 결국 연나라에 도착한 그는 성곽, 사당, 조상이 살던 집과 묫자리를 보았지만 더 이상 슬프지 않았다.

연나라 사람은 진나라 사람의 조상의 무덤을 보고 가슴이 아팠다. 다른 사람이 연나라의 조상의 무덤이라고 알려주었기 때문이다. 그러나 자신의 진짜 조상의 무덤을 보았을 때는 오히려 슬프지 않았다. 그의 감정은 다른 사람이 만든 착각에 의해 움직인 것이다. 공자는 도가에 대해 어렴풋하게 경의를 드러내곤 했다. 그리고 사람들이 미래의 야망을 위해 현재를 버리곤 한다는 것도 알고 있었다. 아래는 도가사상의 영향을 받은 유가의 이야기다.

자로(子路), 증석(曾晳), 염유(冉有), 공서화(公西華)가 공자(孔子)를 모시고 앉아 있었다. 공자께서 말씀하셨다. "내 나이가 너희들보다 다소 많다하여 나 때문에 말하기를 어려워하지 마라. 너희들이 평소에 말하기를 '나를 알아주지 않는다'고 하는데, 만일 혹시라도 너희들을 알아준다면 어찌하겠느냐?"

자로가 바로 대답했다. "천승(千乘)의 나라가 대국(大國) 사이에 끼어있어서 침략을 받고, 따라서 기근이 들더라도 제가 다스리면 3년 정도면 백성들을 용기 있고 도의를 알게 만들 수 있습니다."

공자께서 비웃으시며 말했다. "염유야, 너는 어떠하냐?"

염유가 대답했다. "사방 60~70리, 혹은 50~60리 쯤 되는 나라를 제가 다스리면 3년 정도면 그 지역의 백성들을 풍족하게 할 수 있으나 예악(禮樂)에 있어서는 군자(君子)를 기다리겠습니다."

공자가 물었다. "공서화야, 너는 어떠하냐?"

공서화가 대답했다. "제가 능하다는 것이 아니라 배우기를 원합니다. 종묘의 제사나 제후의 모임에서 현단복(玄端服)⁵⁸을 입고 장보관(章甫冠)⁵⁹을 쓰고 집례(執禮)⁶⁰가 되기를 원합니다."

공자가 물었다. "증석아, 너는 어떠하냐?"

증석이 비파를 드문드문 타다가 쨍그랑 놓고 일어나며 대답했다. "세 사람의 뜻과는 다릅니다."

공자께서 말씀하셨다. "무슨 걱정이냐. 각자 자기 생각을 말해보는 것인데."

증석이 대답했다. "늦봄에 봄옷을 만들어 입고 관(冠)을 쓴 어른 대여섯 명과 아이들 예닐곱 명과 함께 기수(沂水)⁶¹에서 목욕하고 무(舞雩)⁶²에서 바람 쐬고 노래하며 돌아오겠습니다."

공자께서 '아!' 하고 감탄하며 말씀하셨다. "나는 증석과 같이 하겠다!" ⁶³

과정은 목표보다 훨씬 아름답다. 오늘날 많은 여자아이들은 공주가 되는 것을 꿈꾸지만, 공주가 되기까지 겪어야 하는 과정은 공주가 되는 결과보다 아름답다. 영국 다이애나 왕세자빈은 세계에서 가장 불행한 사람 중의 한 사람이다. 왜냐하면 그녀는 어떤 과정도 겪지 않고 목표를 달성했기 때문이다. 다이애나 왕비의 일생에서 결혼은 영광의 정점이라 할 수 있지만 이후 과정을 거치지 않고 공주가 된 것에 대한 대가를 치렀다. 로또에 당첨된 대부분의 사람들이 실망감에 가득 찬 인생을 사는 것은 부유해지기 위해 노력하는 과정을 거치지 못했기 때문이다. 부자가 나쁜 것은 아니지만 여기에 필요한 전제는 노력 끝에 부자가 되어야 한다는 것이다. 비 온 뒤의 무지개가 금보다 아름다운 법이다. 무지개는 각양각색으로 찬란하다. 현실의 어떤 아름다움도 그것에 미치지 못한다. 사람들은 비온 뒤의 맑은 공기 속에 있는 무지개를 감상한다. 무지개를 소유하고자 하는 어리석은 사람은 없다. 이것이 바로 무지개의 아름다움이다. 아름다움을 소유하고자 하는 마음은 아름다움을 파괴한다.

만약 어떤 목표를 실현하고 싶다면, 처음부터 시작해야 한다. 어

아름다움을 소유하려 하지 말고 감상하라.

떤 포부가 있든 간에 높은 탑은 가장 꼭대기에서부터 지을 수는 없다. 나는 힘의 80퍼센트를 잘못된 방향에 사용한다고 생각한다. 앞으로 나아가기 전에 먼저 잘 생각하라. 가끔은 올바른 방향을 선택하는 것이 열심히 일하는 것보다 중요하다. "고개 들어 길을 보지 않고, 고개를 숙이기만 해서는 마차를 끌 수 없다"는 옛말도 있다. 2,000년이 넘는 역사를 가진 『전국책(戰國策)』에 이런 이야기가 기록되어 있다.

위왕이 조나라 한단(邯鄲)을 공격하고자 했다. 계량(위나라 신하)이 이 말을 듣고 사신으로 가는 도중에 되돌아왔다. 옷은 구겨지고 머리의 먼지도 털어내지 않은 채였다. 위왕을 만나 다음과 같이 말했다. 지금 제가 돌아오다 큰길에서 사람을 만났습니다. 그는 북쪽을 향해 수레를 몰면서 저에게 "지금 초나라로 가고자 한다"고 했습니다. 그래서 "당신은 초나라로 간다면서 왜 북쪽을 향해 가는가?"라고 물었더니, 그는 "내 말은 훌륭하여 잘 달린다"고 하는 것입니다. 제가 "아무리 훌륭한 말이라도 이 길은 초나라로 가는 길이 아니오"라고 했더니, 그는 "나는 돈이 많다"고 했습니다. 그래서 "아무리 돈이 많더라도 이 길은 초나라로 가는 길이 아니오"라고 말했더니 그는 "나의 마부는 훌륭하오"라고 했습니다. 그래서 제가 "지금까지 말한 몇 가지 것들이 뛰어나면 뛰어날수록 초나라로부터 그만큼 멀어지는 것이오"라고 했습니다.

여기서 방향이 잘못되면, 얼마나 노력했는지는 아무 쓸모가 없다는 것을 알 수 있다. 기사가 열심히 승객을 태울수록, 목적지와 더욱더 멀어져간다. 만약 방향이 올바르다면, 자연스럽게 노력하는 것 또는 '무위'라고 말할 수 있는 것으로 자동차는 목표를 향해 나아갈 것이다. 무위는 게으름이 아니라, 조용히 사고하고 사색하며, 명상을 통해 올바른 방향을 수립하는 것이다. 단순히 몰두하는 행동파들과 비교했을 때, 유연하고 결단력 있는 정책결정자가 더욱 존경받는다는 것을 세상은 깨달아야 한다. 우리는 이러한 사상가들을 더 이상 방해하지 말아야 한다. 그들은 어쩌면 방향의 길잡이일지도 모른다.

노자는 "사람들이 일을 하고 살아가는 것을 보면 이루는 것 같

외로운 사상가, 존경 받는 사색가 그리고 세상의 방향을 제시하는 사람

다가도 모두 실패한다"[64]고 했다. 이는 사람들이 종종 성공에 이르 때 넘어진다는 것이다. 성공이 코앞에 있기 때문에 자만하고 오만하 며 부주의해서 잘못된 방향을 선택할 수 있다. 이렇기 때문에 무위 가 중요하다. 당신이 무엇을 해야 할지 모를 때는 그 무엇도 하지 마 라. 마음에 충분한 휴식을 주자. 마음은 당신이 생각하는 것 이상의 힘이 있다. 잠시 쉬면서, 마음이 움직이게 하자.

그리고 과정이 목표보다 더 아름답다는 것을 기억하라. 가장 위 험한 것은 칼을 쥘 수 없다는 것이 아니다. 오히려, 칼을 가지고 이 를 함부로 쓰거나, 아니면 이를 좋아하지 않거나, 아니면 파괴를 위 해 사용할 때에 위험하다. 외로운 사상가, 사람들의 존경을 받는 사 색가는 어쩌면 세상을 위해 방향을 제시하거나 심지어는 세상을 파 괴할 수도 있다. 목표를 실현할 때가 가장 위험한 시기다. 왜냐하면 당신이 한 다년간의 노력을 통해 얻은 결과물을 낭비하거나 심지어 남용할 수도 있기 때문이다.

비상

예전부터 인류는 하늘을 날고자 했다. 그래서 신화에는 용처럼 하늘을 나는 신비한 동물들이 많이 등장한다. 중국에서는 이렇게 나는 것, 그리고 나는 존재에 대한 믿음이 수천 년 동안 있었다. 이것은 역사, 문학, 신화, 민속, 사회, 심리, 예술 등을 통해 표현되었다. 용과 같이 중국 문명 전체를 관통하는 상징물은 거의 없다. 용은 세속으로부터 탈출할 수 있는 일종의 거대한 힘의 상징한다. 이것은 용이 가진 많은 의미 중에서 가장 대표적이다. 용은 바람으로 움직이고 창공으로 치솟으며 하늘을 춤추며 날고 창공을 가르며, 바다를 스쳐 지나가면서도 힘들이지 않고 바람을 타고 날아가 구름 속으로 사라진다.

"빌리, 몇 번을 더 말해야겠니, 세상엔 용이 없다니까!"

도가에서는 득도한 사람은 고상하고 숭고한 정신을 가질 수 있고 거대한 용처럼 비상한다고 생각한다. 『사기(史記)』에 따르면, 공자는 노자에 대해 이렇게 말했다. "나는 새가 잘 나는 줄 알고 물고기가 잘 헤엄치는 줄 알며, 짐승이 잘 달리는 줄 안다. 달리는 것은 그물로 잡을 수 있고 헤엄치는 것은 낚시 줄로 잡을 수 있으며, 나는 것은 주살로 잡을 수 있다. 그러나 용에 이르러서는 내가 알 수 없으니, 그 용이 구름과 바람을 타고 하늘로 올라가는구나. 내가 오늘 노자를 만났는데 마치 용과 같은 사람이었다." 공자는 노자의 무위적 우아함을 감탄했다. 노자는 아무것도 하지 않고, 그 어떤 것도 해낸다고 생각했다.

가장 보편적인 꿈속의 장면

현대에 접어들면서 인간은 정말 날 수 있게 되었다. 비행사 매기 (John Gillespie Magee)는 1922년 중국 상하이에서 태어났다. 그의 모친은 영국인이지만 부친은 스코틀랜드와 아일랜드 혈통의 미국인이었다. 그는 조종사가 되어 독일 나치와 싸우는 것을 꿈꿨지만, 미국 국민으로서 전쟁에 합법적으로 참가할 수 없었다. 이후 캐나다 왕립공군에 들어가 비행훈련을 받고 같은 해 영국으로 파견되어 독일 공군과 전쟁했으며 곧 공군 소위로 진급했다. 1941년 9월 3일, 그는 신형모델인 스피트파이어 V(Spitfire V)의 시범 운행을 하면서 3만 피트 고도까지 날아올랐다. 그리고 그곳에서 영감을 받았다. 착륙하고 얼마 되지 않아, 부모님께 편지를 쓰면서 뒷면에 시를 썼다. "이

편지에 제 시를 함께 적습니다. 제가 3만 피트 상공에서 문득 들었
던 생각을 착륙 후에 썼습니다.”

비상[65]

아, 삭막한 지상의 속박
나는 그 곳에서 벗어나
은빛 웃음으로 빛나는 저 하늘
날갯짓하며 춤추었노라
태양을 향해 드높이 올라
햇볕이 갈라놓은 구름 속

환희로 활강하고 날아오르고 선회하며
그들이 꿈꾸지 못한 것을 이루고
눈부신 고요 속에 떠 있었노라
그 곳을 맴돌며 외치는 바람소리
격렬한 바람 속을 헤쳐 나아가
나의 열망의 기체를 몰아
발자국 없는 저 하늘 광장을 내달렸노라
높이 높이 더 멀리
작열하는 푸르름 위로

드센 바람 몰아치는 저 허공 위를
살며시 우아함으로 우뚝 올라섰노라
종달새 그리고 독수리도 난 적 없는 그 곳
그리고 조용하고 높은 마음을 가지고
아직 발을 들여놓지 않은
높은 우주의 성역에 들어갈 때
나는 손을 뻗어 신의 얼굴을 만졌노라

그로부터 3개월이 지난 1941년 12월 11일, 미군이 세계대전 참전을 선포한지 3일 만에 매기는 비행사고로 목숨을 잃었다. 이 사고를 목격한 한 농부는 전투기 조종사가 비행기의 덮개를 열고자 노력하다가 비행기에서 뛰어내렸다고 말했다. 그러나 전투기 조종사이자 시인이었던 매기는 낙하산을 펼치기에는 지면과 너무 가까이 있었다. 당시 그의 나이는 겨우 19세였다.

매기는 어린 나이에도 불구하고 짧은 일생 동안 그들이 꿈꾸지 못한 것을 해냈다. 하늘을 날았고, '작열하는 푸르름 위로, 종달새 그리고 독수리도 난 적 없는 그 곳'으로 날아올랐다. 그는 극한의 기쁨을 느꼈다. 그는 여기서 무불위를 했지만, 그의 무불위는 자유였다. "드센 바람 몰아치는 저 허공 위를 살며시 우아함으로 우뚝 올라섰다." 매기는 아무것도 하지 않고 자신을 공중에 해방하고 용감하게 그 높은 고도를 날았을 뿐이다. 마치 거대한 용이 우아하게 창공을

나는 이미 지구의 족쇄에서 벗어났다.

날아오르는 것과 같이 말이다.

　"아, 삭막한 지상의 속박/나는 그곳에서 벗어나"라는 말은 오랜 도가의 꿈이다. 장자는 무위를 도가의 성인 또는 완전한 사람(完人), 이상적 사람의 태도로 지칭한다. 그가 진짜 아무것도 안 하는 것이 아니다. 단지 자연을 따르는 것이다. 일종의 이상적 경계 안에서 완인은 종종 아무런 목적 없이 쉬고 산책하며, 노는 것 같아 보이지만, 사실상 무위를 통해 유위(有爲)를 실현하고 있다. 마치 새처럼 날고 구름처럼 떠다녔으며, 물고기처럼 헤엄쳤고 계곡처럼 구불구불 나아갔으며, 봄의 꽃봉오리처럼 생명을 피워냈고 낙엽처럼 진흙에 떨어졌으며, 먼지로 돌아갔다. 조종사 매기처럼 고상한 마음으로 비행기를 몰아 "발자국 없는 저 하늘 광장을 내달렸다."

무위는 자유로운 사람의 '마음의 유랑'의 질과 관련이 있다. 일상생활의 자기 속박으로부터 벗어나면서 사물에 대한 완벽한 경험을 할 수 있었다. 매기는 장자가 말하는 성인 같았다. 그는 "은빛 웃음으로 빛나는 저 하늘을 날갯짓하며 춤췄고 손을 뻗어 신의 얼굴을 만졌다." 그는 3만 피트 고도의 하늘에서 무위하면서 무불위, 즉 아무것도 하지 않으면서 모든 것을 했다.

최초의 로켓은 중국인이 발명했다. 중국인은 화약을 발명해 이를 대나무에 넣어 폭죽을 만들었다. 세계 최초로 로켓을 발명한 과학자는 명나라 관리였던 만호(萬戶)로 알려져 있다. 500년 전, 만호는 2개의 큰 연과 47개의 폭죽을 함께 의자에 묶어, '비룡(飛龍)'을 제작했다. 47명의 하인이 동시에 폭죽을 점화하자 귀청이 찢어질 듯한 소리가 났다. 진한 연기가 사방에서 피어올랐고 연기가 사라졌을

아버지, 이것이 정말 이 세계를 떠나는 유일한 방법임이 틀림없는지요?

때, 만호는 사람들의 눈앞에서 사라졌다.

　로켓을 발명하기 전, 만호가 이 세상을 떠나고 싶어 하는 도가 신도인지 아니면 새로운 교통수단을 발명해 국가에 봉사하고 싶은 유가 신도인지 알 수 없다. 그러나 나는 도가 신도일 것이라고 믿는다. 그의 장난스러운 상상력과 높은 경지로 날아오르고 싶은 강렬한 욕망 때문이었을 것이다. 그는 푸른 하늘에서 산산조각으로 폭발했을까? 그는 이미 세월의 안개 속에서 사라졌다. 도가에서는 상상만으로도 날 수 있다. 고상한 영혼을 통해 우리도 땅의 속박에서 벗어나 하늘을 날 수 있다. 장자는 우리에게 이런 이야기를 한 적이 있다.

> 천근(天根)[66]이 은산(殷山)의 남쪽에서 노닐 적에 요수(蓼水) 물가에 이르러 마침 무명인(無名人)을 만나 그에게 물었다. "청컨대 천하를 다스리는 일에 대해 여쭙습니다."
>
> 무명인이 대답했다. "물러가라. 그대는 비루한 사람이다. 어찌 물음이 이다지도 불쾌한가. 나는 조물주와 함께 벗이 되었다가 싫증이 나면 또 아득히 멀리 나는 새를 타고 우주(六極) 밖으로 나가서 아무것도 없는(無何有) 곳에서 노닐고 끝없이 넓은 들판에 쉴까 한다."[67]

무위무불위

Qiguang Zhao 赵启光 2006
4/2/2006

"众徒儿
莫看她，
西方巫婆
属于另一领
域。吾等自
有御风而行白
日升天之功。"

Don't look at her. The witch of the West belongs to another realm. We have our own Taoist way to fly.

"제자들이여, 그녀를 보지 마세요. 그녀는 서쪽 마녀로 다른 세상에 속해 있답니다. 도교 신자라면, 도교만의 방법, 도를 극진히 닦아 선인이 되어 하늘을 오르는 방법으로 하늘을 오릅니다."

세상에서의
무위

모든 사람들이 조종사 매기처럼 공중에서 즐거움의 극한을 체험할 수 있는 것은 아니다. 모든 사람들은 같은 결말을 맞이하는데, 그것이 바로 죽음이다. 죽음을 두려워해야 하는가 아니면 마지막 '미지의 나라'에 도달해야 하는 것인가. 수천 년 이래, 많은 성인과 철학자는 사후 세계가 어떤 곳인지 끊임없이 찾았다. 여기 이름 없는 아무개는 우리가 죽으면 무엇을 하는지 알고 있다. 우리가 그곳에서 해야 하는 것은 아무것도 하지 않는 것이며, 또한 그녀는 그것을 바라고 있다.

「지친 주부에 대해」—무명씨

여기 한 여자가 오랜 잠에 듭니다. 그녀는 늘 고생했습니다.

종일 집에서 분주했고, 한 번도 도움을 받은 적이 없었습니다.

그녀는 이렇게 유언을 남겼습니다.

"사랑하는 친구들, 나는 이제 바람을 타고

밥도, 빨래도, 바느질도 할 필요가 없는 선계로 갑니다.

이 모든 것이 제 숙원입니다.

그 곳은 밥 먹을 필요도 없고, 설거지 할 고생도 필요 없지요.

노래는 조화롭고 여운이 맴돌며,

말없이 감상만 하네요.

아무쪼록 오늘부터 나 때문에 슬퍼하지 마세요.

대대손손 노동의 아픔은 면했으니까요!"

피로에 찌든 주부는 유머러스한 동시에 비관적이다. 그녀는 평생을 쉬지 않고 바쁘게 밥하고 설거지하며 바느질했다. 지금의 그녀는 아무것도 할 필요가 없는 세계를 갈망하고 있다. 이렇게 되면 모든 걱정과 잡무에서 벗어날 수 있다. 그녀는 너무 지쳤고, 어떤 보상도 인정도 받지 못했다. 친구들에게 자신 때문에 슬퍼하지 말라고 했고 평생을 일해 온 주부에게 열렬한 박수를 보내고 있다. 시인 바이런은 말했다. "여자는 유달리 잘잘못을 따져 복수하길 좋아한다." 이 피로에 찌든 주부는 기쁘게 세상을 떠나 아무것도 할 필요가 없는 세계로 떠났다. 이를 통해 그녀는 이러한 일을 하게 했던 세상과 가정에 복수했다.

인생은 짧지만, 죽음은 영원하다. 그도 그럴 것이 삶보다 죽음이 더욱 평온하고 진실하며 재미있다. 삶의 전과 후 모두 죽음이다. 우리는 생명이 자연의 순리를 따르는 것을 통해 무한한 세계 속에서 평안을 얻는다. 자연에 순응하는 사람만이 세계를 얻는다. 감히 생명과 우주를 함께 가게 하거나, 일상에서 무위를 행하는 사람만이 생명을 얻을 수 있다. 사실 이 피로에 찌든 주부가 세상을 떠나야만 그녀가 원하는 평정을 찾을 수 있는 것은 아니다. 다음의 생, 사후세계를 기다리는 대신 이번 생에서도 할 수 있다. 그녀가 조금 쉬더라도 하늘이 무너지지는 않는다.

무위는 일종의 행위다. 이는 세상과 연결되어 있다는 의미이며 분리에서 비롯되는 감각이 아니며, 오히려 마음대로 자연스러운 삶의 예술에서 나온다. 비행기 조종사든 가정주부든 누구나 행할 수 있다. 이 원칙을 이해하고 그것을 일상에 적용하면서, 우리는 생명의 흐름의 일부가 될 수 있다. 무위는 소극적 행위가 아니며, 타성이나 나태함도 아니다. 오히려 바람을 따라 흘러가거나 파도와 함께 헤엄치는 경험이다.

무위의 원칙을 달성하기 위해서는 몇 가지 조건이 필요하다. 그 관건은 의식적으로 스스로를 생활의 일체와 융합되게 하는 것이다. 노자와 장자는 조용하고 기민하며, 자신의 마음 세계를 경청하는 동시에 대자연의 소리에도 집중해야 한다고 가르치고 있다. 이런 방법을 통해 우리의 영혼이 정보를 수집하고 평가하면서, 자신의 직관을 발전시켜 도(道)와 연결되도록 한다. 정보를 얻고 이를 사용하기 위해 우리 자신의 마음에만 주의를 기울이는 것이 아니라, 몸 전체의 기능에도 의지해야 한다. 이 모든 것은 환경의 아름다움(자기 자신의 아름다움도 포함된다)을 알아차리는 것이다. 어느 정도는 무위가 조화와 균형을 증진시키는 태도라고 할 수 있다. 그녀에게 있어서 피곤에 찌든 주부는 조종사 매기만큼 즐거울 수 있다. 그녀는 죽음 이후의 세상까지 기다릴 필요가 없다. 이번 세상에서도 무위, 무불위할 수 있다.

산책

칼턴대학에 처음 부임했을 때, 정처 없이 걸어 학교의 벨(Bell) 축구장까지 왔다. 많은 중국인처럼 운동장을 따라 한 바퀴, 한 바퀴 걷기 시작했다. 근처 언덕에 앉아 있던 학생 두 명이 나를 쳐다보고 있었다. 그들은 내게 다가와 친절하게 물었다.

"무슨 도움이 필요하신가요?" 그들의 곤란한 표정에서 깊이 숨은 뜻을 읽었다. 마치 "당신 무슨 큰 문제가 있는 거 아니에요?"라고 말하는 것 같았다.

"고맙습니다. 저는 그저 산책 중이었습니다"고 대답했다.

사실 영어에서 '산책'이라는 말을 완전하게 표현할 수 있는 단어는 없다. 산책이란, 이리저리 돌아다니고 편하게 걷는 것이다. 나중에 알게 된 것인데, 영어의 'walking'은 목적이 분명한 행위이다. 목표 없이 빙빙 도는 것은 그들 눈에는 미쳤거나 시간을 낭비하는 것이다. 그러나 정처 없이 산책하는 것은 마음과 몸, 그리고 영혼을 위한 가장 좋은 처방이다. 왜냐하면 우주의 가장 기본적인 움직임을 표상하기 때문이다. 위성이 행성을 중심으로 돌고, 행성은 항성을 중심으로 돈다. 지구가 한 방향으로 가는 것은 지극히 정상적이다. 우주의 뭇별은 원을 그리며 돌기 때문에 우주로 치면 한 방향으로 가는 것은 정상적인 것은 아니다. 만약 우리가 우주처럼 움직인다면, "인간은 영원한 것들과 연관해 생각하는 것이 가장 좋다. 왜냐하면 영원은 인류세계에 평온과 안녕을 가져올 수 있기 때문이다."는 아인슈타인의 말을 실천한 것이다.

노자가 말했다. "좋은 일을 하는 사람은 행한 자국을 남기지 않고, 좋은 말을 하는 사람은 생채기를 내지 않는다."[68] 잘 걷는 사람은 공기 중에 부유할 때 몸과 마음 모두 흔적을 남기지 않는다. 걸을 때 이리저리 꼬인 마음에 불안을 안고 걸으면, 그 불안감은 보이지는 않지만 마주치는 이에게도 전염될 것이다. 아쉬운 것은 이 세상의 고뇌하는 영혼은 도처에 흔적을 남긴다. 마치 꽉 막힌 고속도로에 있는 모든 운전자가 우울한 것처럼 말이다.

걸을 때, 지나치게 많은 일을 한다. 우리에게는 목적지와 방향도 있고 심지어 미션도 있다. 목표에 집중한 나머지 과정을 소홀이 한다. 이 과정이 얼마나 기쁜지, 얼마나 아름다운지 모른다. 우리 자신이 멈춰 서서 신선한 공기를 마시고 고개를 들어 파란 하늘을 보고

저기요, 방향을 알려드릴까요?

마음이 평정심으로 돌아오는 것을 허락하지 않는다. 사실상 단순히 산책하는 것이 불가능하다. 물건을 사러 가거나, 출근하거나 출장가는 등, 어디론가 갈 수밖에 없다. 그러나 그 어디에도 가지 않고, 산책만 하는 법을 새롭게 배워야 한다. 나는 이것을 '명상식 산책'이라 부른다. 명상식 산책을 연습할 때, 내딛는 걸음은 모두 당신을 지금 이 시간으로 돌려놓는다. 걸음마다 당신과 영원을 연결한다. 몸과 마음을 위해 '연결고리'를 만든다.

명상식 산책은 당신을 현재로 돌아오게 만들고 마음의 매듭을 풀어준다. 부정적 에너지를 긍정적 에너지로 바꾼다. 그 어디에도 가지 않는 것처럼 보이지만, 사실은 '지금 여기(here and now)'로 가

무위무불위

고 있는 것이다. 당신은 지금 목표가 없는 과정을 겪고 있다. 이것이 바로 목적지가 없는 산책이다.

목적지가 없는 수영은 아름답고 우아하다. 이는 마치 날아다니는 것과 같다. 노자는 "잘 산다는 것은 물 흐르는 것같이 사는 것이다. 물은 만물을 이롭게 하면서도 다투는 일이 없으며 항상 남들이 싫어하는 낮은 자리에만 처한다"[69]고 말했다. 수영할 때는 도(道)와 가깝다. 물이라는 광활한 영토를 통치하는 왕이고, 이 물은 당신의 몸 밖은 물론이고 체내의 물까지도 지배한다. 명상식 수영을 연습하는 것은 당신과 외부의 물을 연결하는 것으로, 평정심과 조화를 새롭게 얻는 것이다. 몇 바퀴를 돌았는지 세지 말고 시간도 재지 말아야 한다. 다른 사람이 당신을 미친 사람으로 보고 주시하더라도 신경 쓰지 말자. 물이라는 영역 안에서 자기가 만든 일종의 조화를 다지고 있는 것이기 때문이다.

무위, 아무것도 하지 않는 것은 좀 더 평온하고 건강할 수 있게 도울 뿐만 아니라, 도(道)의 함의를 기쁘게 얻게 해준다. 매의 비상은 움직임과 멈춤의 훌륭한 조합이다. 만약 힘든 일을 할 때, 어떻게 해야 편안해진다는 것을 알게 된다면, 구름이 산을 휘감고 있듯이, 그리고 강물이 바다로 흘러가듯이 백조가 하늘의 끝으로 날아가듯이 편안해질 것이다.

대학 다닐 때, 나는 단거리 달리기 챔피언이었다. 11.2초의 기록으로 100미터 달리기 챔피언이 되었고 학교기록도 깼다. 나의 비법은 무위하며 무불위하는 것이었다. 훈련할 때, 단거리 달리기와 관련 있는 모든 책을 읽었다. 이 중에서 인상 깊었던 책에 이렇게 나와 있었다. "달리기 시작한 이후에는 몸을 편안하게 해야 한다. 빠르게 달리기 시작한 다음에는 몇 걸음 정도 몸, 특히 몸과 어깨에 힘을 빼고 관성에 몸을 맡겨야 한다." 여기서 나는 이기는 방법을 알았다. 짧은 11초 시간에서 내 자신에게 백분의 몇 초간의 휴식시간을 주는 방법을 배운 것이다. 달리기 시작한 후 심지어 내 스스로에게 "긴장을 풀라"고 했고 달리는 것은 곧 떠다니는 것으로 변하게 되었다. 이 11초 동안, 바람은 귀청에 대고 고함을 질렀고 목적지가 눈앞에 보였으며, 상대는 뒤로 물러나 있었다. 친구들이 우승을 축하했을 때, 겸손하게 대답했다. "별거 아니야." 이 말은 사실 겸손이 아니다. 무위가 바로 성공의 방법이었다.

태극권
:무위

태극권은 명상과 호흡조절을 결합해 자기 자신을 방어하는 중국권법의 하나다. 여기서 '권(拳)'은 주먹이며 무기나 도구를 사용하지 않는다는 점을 강조하고자 한다. 태극권은 태극의 가장 보편적인 표현방식이다. 수백만 명이 태극권을 수련하면서 신체를 단련하고 있다. 이를 통해 스트레스를 해소하고 긴장을 푼다. 느리고 낮고 부드러운 운동으로 에너지나 기(氣)의 흐름을 불러일으키면서 건강과 장수를 얻는다. 태극을 수련하면서 몸과 영혼은 하나가 되고, 많은 사람들은 일종의 무위 상태에 들어간다. 태극은 '지극(至極)'이며 극점, 극한의 끝을 의미한다. 태극이라는 말은 『역경(易經)』에서 "역(易)에 태극이 있으니, 이것이 양의(兩儀)가 생기고, 양의는 사상(四象)을 낳고, 사상은 팔괘(八卦)를 낳는다"[70]고 했다. 도(道)는 태극을 초월한다.

태극의 기호는 음양이다.

극한에 다다랐을 때는 바로 돌아와야 한다. 즉, 사물이 극에 달하면 반드시 반전한다(物極必反). 흥망성쇠는 반복하는 것이기 때문에 어떤 일을 할 때는 지나치게 욕심을 부려서는 안 된다.

태극의 기호는 서로를 휘감은 음양 두 마리의 물고기다. 이들은 흑백이 교차하는 원을 형성했다. 수천 년 역사를 가진 신비한 원 안에는 시작도 끝도 없다. 정의(定義)도 없고 목적도 없으며 그 어떠한 것도 보여주고자 하지 않는다. 태극의 운동은 무위다. 즉, 어떠한 것도 하지 않는 것이다. 태극은 일종의 등속운동이다. 뉴턴의 법칙에 의하면 등속은 정지 상태와 같다. 뉴턴의 제1운동인 관성의 법칙에 따르면 물체가 어떤 외부의 힘도 받지 않는 상태에서는 항상 등속직선운동이나 정지 상태에 있다고 한다. 지구상의 일상 환경 속에 등속운동은 없다. 물체가 속도를 줄이는 것은 마찰력의 영향으로 속도가 변하는 것이다. 태극은 마찰이 없고 저항이 없어, 지속적으로 등속운동을 할 수 있다. 등속운동을 할 때는 일종의 정지 상태에 있는 것과 같다. 항성과 행성처럼 무위한 것이다. 지구는 공기와 물이 있기 때문에 어떠한 등속운동도 없다. 그러나 우주의 천체 주변에는 등속운동이 되풀이되고 있다. 태극권은 우주의 등속운동을 모방하는 것이다. 따라서 지구를 넘어 우리와 우주의 기본운동은 멀리서도 서로 호응한다.

we are joining the universe
Tai chi's uniform motion =

태극의 등속운동으로 우리와 우주는 함께 움직인다. "천릿길도 한걸음부터."[71]

태극권의 기본을 알았다고 해서 태극을 이해할 수 있다는 것은 아니다. 항상 어떤 방면으로 증진시킬 부분이 있다. 마치 인생이라는 여정의 시작이라 볼 수 있다. 형식을 아는 것은 시작일 뿐이다. 태극에서 태도는 매우 중요하다. 정신을 팔지 않도록 하고 우주 안에 존재하는 내 스스로의 자리를 느끼면서 다음 사항들에 유의해야 한다.

○ 태극권 숙달을 위해 우선 정확한 동작을 숙지하고 이를 조절할 수 있어야 한다.

○ 몸은 단정하고 곧게 서서 땅과 수직이 되어야 한다. 해야 할 동작이 없는 한 비틀거리거나 흔들거리면 안 된다.

○ 두 다리는 미세하게 굽혀야 하고, 몸은 낮춰 송침(松沉) 자세를 유지해야 한다.

○ 양팔은 바깥으로 뻗어야 하고 안으로 무너져서는 안 된다.

○ 미세하게 굽혀진 양다리와 바깥으로 뻗어진 팔 사이에는 빈 공간이 있어야 한다.

○ 동작은 이어져 떠다니는 구름처럼 흐르는 물처럼 끊이지 않아야 한다. 자세를 바꾸는 것도 하나의 움직임으로 생각하자. 가장 중요한 것은 동작의 속도가 균일해야 한다는 것이다. 우주를 도는 지구를 생각해보자. 만약 테러리스트들이 지구가 자전하는 속도를 바꾸었다면, 온 세계는 더 이상 존재하지 않을 것이다. 지구가 돌 때, 우리는 돌고 있다는 것을 느끼지 못한다. 태극권을 하는 것도 지구의 회전방식을 모방해야 한다.

무위무불위

○ 유연해지자. 유연한 것이 곧 삶이고 굳은 것은 죽음이다. 혀는 유연하고 치아는 딱딱하다. 과연 어떤 것이 먼저 뽑혀 나오는가.

○ 몸을 펴야 한다. 사람이 긴장하거나 불안할 때 외부로부터 방어하기 위해 움츠러든다. 그러나 자연을 자각하기 위해서는 우리는 긴장을 풀고 몸을 펴야 한다.

태극권은 공연이 아니다. 공연은 재미를 위해 올바른 태극권의 방식을 희생시킨다. 공연할 때는 항상 관객이 있다. 관객이 있다면 자신을 보여줄 수밖에 없다. 자신을 보여주는 과정에서 평소 상태를 유지해야 한다. 평소 상태를 유지하려면 동작 하나하나를 정상 속도로 연습해야 한다. 동작이 너무 느리다면 다른 사람들은 이를 이상하게 여길 것이고 이내 다른 사람들의 생각에 신경을 쓸 수밖에 없을 것이다. 태극을 단련할 때 다른 사람의 관점에 따라 집중력이 분산되어서는 안 된다. 심신을 이완시키고 우주와의 연결고리를 형성하는 데 집중해야 한다. 이 연결이 형성되면 도법이 자연스러운 상태, 즉 무위 상태에서 움직이게 된다.

사람들은 당신이 이상하다고 생각할 것이다. 그들은 이렇게 운동하는 모습을 본 적이 없기 때문이다. 우주의 대다수 천체는 등속 운동을 한다. 그러나 인류와 지구의 다른 동물들의 운동 속도는 시시각각 변한다. 우주의 입장에서 보면 매우 비정상적이다. 태극권을 할 때, 일정한 속도로 움직이는 것은 우주가 진짜 어떻게 움직이는

지를 모방하는 것이다. 다른 이들이 이상하게 여긴다면, 그것은 당신이 태극권을 잘 하고 있다는 것이다.

반려견이 있다면, 그 앞에서 태극권을 해보자. 처음에는 개가 분명 짖을 것이다. 개는 평소답지 않은 운동을 싫어하기 때문에 짜증을 낼 것이다. 개의 눈에는 당신의 행동이 비정상적으로 보이기 때문에 어쩔 줄 모르는 것은 당연할지도 모른다. 개나 다른 사람은 걱정하지 말자. 그들은 지구의 평상 상태에 익숙해져 있는 것이다. 태극권은 공연이 아닌 자연과 우주로의 회귀다. 보통 우리가 마음을 달리 먹으면, 몸짓을 통해 표현하는 방식도 달라진다. 그러나 태극권은 먼저 몸이 조절되고, 마음이 따라 바뀐다. 심리 상태가 좋으면, 행동거지도 우아해진다. 만약 몸이 행성처럼 일정한 속도로 움직인다면, 우리 생각도 이에 따라 바뀔 것이다.

나는 수업 중 '제니'라는 가상의 학생을 만들었다. 그녀는 똑똑하고 개성이 넘친다. 내 교수법에 도전하기도 하고, 강의의 모순점을 찾아내거나 배운 것을 뛰어넘기도 한다. 가상의 제니는 우리 반의 웃음거리가 되었다. 내가 "제니, 이러면 안 돼. 태극 101반에서 우리는 지면에서 5인치 정도의 높이로만 움직일 수 있어. 선생님이 몇 번을 더 말해야 하겠니. 우리의 좌우명은 올림픽 좌우명과는 반대야. 그들은 더 빨리, 더 높게, 더 강해져야 하겠지만, 우리는 더 느리게, 더 낮게, 더 약하게 해야 해"라고 말했다. 그 순간 학생들이 웃기 시작했다.

"제니, 선생님이 몇 번을 더 말해야겠니. 우리는 지면에서 5인치 정도만 움직일 수 있어."

태극권을 단련할 때 속도를 늦춰야 한다. 정지는 우주의 본질이기 때문이다. 지구가 태양을 돌고, 달이 지구를 돌지만 이런 움직임들을 느낄 수 없다. 정지 상태를 유지하면 우주의 본질에 더 가까워질 수 있다. 태극권을 단련할 때, 자세를 낮게 잡아야 한다. 낮아질수록 땅과 더 가까워질 수 있다. 또한 약해져야 한다. 태극권은 싸우기 위해 배우는 것이 아니라 평화를 위한 것이다. 과거에는 무력에 의존해서 적을 공격해 죽이고, 생명을 유지하곤 했다. 최초의 태극권도 싸움을 위해 사용되기도 했다. 그 잔재는 여전히 태극권의 동작

하나하나에서 확인할 수 있다. 그러나 지금의 태극권은 싸우기 위한 것이 아니다. 노자처럼 이제는 '약(弱)'을 강조한다. 우리의 힘으로 만물을 복원하고, 상처를 내지 않는다. 천천히 겸손하게 부드러워져야 한다. 물처럼 말이다. 노자가 말했다.

천국 아래 어느 것도
물보다 부드럽고 약하지 않다.
그러나 강하고 단단한 것을 공격하는데
이것보다 좋은 것은 없다.
어떤 것도 그것과 자리를 바꿀 수는 없다.
약함이 강함을 이기고,
부드러움이 단단함을 이기는 것은
하늘 아래 그 누구도 모르고 있지 않지만,
그 누구도 행동으로 옮길 수 없다.
그래서 현자가 말하기를
"나라의 오물을 뒤집어쓴 자를
곡물과 흙의 제단의 주인이라 부른다.
나라의 악을 어깨에 짊어진 자는
하늘 하래 왕이 된다.
간단한 말들은 그 반대로 보인다."[72]

낮게, 느리게, 약하게 태극권은 우리를 자연으로 되돌린다.

태극권
:무불위

검(劍) 또한 태극을 단련하는 데 사용되지만, 검으로는 싸우지 않는다. 다만 구름과 산봉우리와 함께 춤추고자 할 뿐이다. 태극검은 태극권과 같은 평화로운 운동이다. 그러나 태극검 특유의 환상적이고 역동적인 움직임, 태극예술의 새로운 정점을 가져왔다. 검은 중국 단검 무기 중 단연 왕으로 꼽힌다. 검은 전투하는 가운데 치명적인 살상력을 가지고 있다. 검무에는 무를 숭상하는 정신과 민첩성이 어느 정도 필요한데, 평화주의자들은 이러한 것들을 싫어한다. 아이러니하게도 태극검 수련법은 자기 수양과 장수, 그리고 평화를 목적으로 한다. 노자가 말했듯이 어떤 일도 그 반대 방향으로 발전할 수 있다.

칼자루 끝에 있는 구멍에 길고 빨간 술을 달아 검의 양날의 균형을 맞추면서 음과 양을 결합한다. 검은 위험하지만 태극검은 우아하고 드라마틱하며 춤추는 것이 아름답다. 태극권의 일관된 속도와 달리, 태극검은 쉼 없는 검술 속에서 '빠르고도 느린' 운율 속으로 나아간다. 태극검 칼끝의 운동방향은 변화무쌍하다. 만약 우리가 태극권이 평화로운 무위라고 했다면, 태극검은 사람들의 주목을 집중시키는 무불위이다.

내 수업의 가상의 학생 제니는 이렇게 말할 것이다. "잠깐만요! 저번 주에 선생님께서 태극은 아무도 보지 않는 곳에서 산책하는 것이라고 하지 않으셨습니까. 지금은 태극권을 할 때는 마음속에 목표가 있어야 한다고 말씀하시네요. 도대체 어떤 말을 들어야 하는 건가요?"

장자가 말했다. "도를 따라 표류하는 것은 조금 다르다. 칭찬하지도 비난 받지도 않을 것이다. 어떤 때는 용이 되고 어떤 때는 뱀이 되어, 시간을 표류하면서 한 곳에 머물러 있지 말고 조화로움을 그 기준으로 하라."

나라면 이렇게 답할 것이다. "제자들아, 너희는 의식과 무의식 사이, 필요와 불필요 사이, 무위와 무불위 사이에 있어야 한다. 근본적으로 태극검과 태극권은 몸과 마음을 조화롭게 한다는 점에서 같다. 태극검은 행하는 사람의 몸의 연장이다. 에너지를 땅 밑에서 양발로 주입하여, 전신을 통과하고 몸통을 지나, 검 끝에 다다른다. 태극검의 대가는 팔이 아니라 허리로 검을 들어야 한다고 얘기한다. 초심자가 손으로 검을 들거나, 몸과 선이 합일하는 경지에 오르지 못한다면, 그들은 태극의 원리를 이해하지 못한 것이다. 그리고 온

제니는 태극검을 단련할 때, 무위해야 하는지, 무불위해야 하는지 알고 싶었다.

몸이 편안한 상태를 유지해야 한다. 장검이 하늘을 날 때, 검무를 추는 사람은 검을 따라 나는 것처럼, 양발이 검에 끌려 땅에서 멀어진 것처럼, 족히 3인치의 거리가 있어야 한다. 신선처럼 너울거리는 검무를 추는 자는 하늘에 닿을 듯하고 하늘의 얼굴을 만질 듯하다. 상대방이 과연 하느님인지 대자연인지는 이때 중요하지 않다."

검을 들지 않은 손으로 검지와 중지를 곧게 펴 한데 모으고, 엄지를 접은 무명지와 새끼손가락 위에 올리면, 이것이 바로 '난화지(蘭花指)'다. 어떤 사람들은 이 손을 '비밀의 검'이나 '부적의 검'이라고도 부른다. 곧게 편 손가락은 검을 든 손을 돕고 그 손가락이 가리

킨 방향이 검이 가는 방향이다. 생각이 미치는 방향으로 에너지와 집중력을 투입할 수 있다. 또는 의도적으로 다른 방향을 가리켜 가상의 적을 혼란에 빠뜨리기도 한다. 그렇기 때문에 검 끝, 수술 끝과 손끝이 만든 세 점이 몸의 주변을 둘러싼다. 만약 태극검의 수행자가 민첩한 몸으로 그 세 점의 안에 서서, 발끝을 세우고 자신의 자세를 쉴 새 없이 바꾸면 그것은 한 폭의 아름다운 그림과 같다. 새로운 차원, 새로운 마법과 같은 영역이 만들어진다. 이것은 모든 잠재능력, 용기 그리고 가능성에 대한 찬사다. 장자는 검의 예술이 지닌 독특한 시각을 보여준다.

천자의 검은……오행으로 제어하고 형벌과 은덕으로 논하며, 음양의 작용을 발동하고 봄과 여름의 화기를 유지하며, 가을과 겨울의 위세로 발휘케 합니다. 이 검을 곧장 내지르면, 앞을 가로막는 것이 없고, 아래로 내리치면 걸리는 것이 없으며, 휘두르면 사방에 거칠 것이 없습니다. 위로는 구름을 끊고, 아래로는 땅을 지탱하는 큰 줄을 자를 수 있습니다. 이 검을 한 번 쓰기만 하면, 제후들의 기강이 바로 서고, 천하가 모두 복종하게 됩니다.

제후의 검은 용기 있는 자로 검의 끝을 삼고 청렴한 사람으로 검의 날을 삼으며, 현명하고 어진 사람으로 검의 등을 삼고 충성스러운 이로 칼자루의 테를 삼으며, 호걸로 칼집을 삼습니다. 이 검 또한 곧장 내지르면 가로막는 것이 없고 위로 쳐 올리면 위에 걸리는 것이 없으며, 아래로 내치면 아래에 걸리는 것이 없고 휘두르면 사방에서 당할 것이 없습니다. 이 검을 한 번 쓰면 천둥소리가 진동하는 듯하며, 나라 안 사람들이 복종하지 않는 이가 없게 되어 모두가 임금님의 명령을 따르게 됩니다. 이것이 제후의 검입니다.

서민의 검은 더벅머리에 살쩍은 비쭉 솟았으며, 낮게 기운 관을 쓰고 장식이 없는 끈으로 관을 묶었으며, 소매가 짧은 옷을 입고 부릅뜬 눈에 말을 더디게 하면서 임금님 앞에서 서로 치고받으며 싸우되, 위로는 목을 베고 아래로는 간과 폐를 찌릅니다. 이것이 바로 서민의 검이며 투계와 다를 것이 없습니다. 일단 목숨을 잃고 나면 이미 나라 일에 쓸모가 없게 되는 것입니다.

우리는 자연의 질서를 해치지 않고, 완성되지 않은 어떤 일도 내버려 두지 않는다. '서민'은 이런 행동을 할 수도 있지만 마음속에는 언급할 가치도 없는 목표를 위해 행동할 뿐이다. 우리 손이 천자의 검을 유지할 때, 그 행동은 가장 효과적이다. 왜냐하면 이런 행동이 우주의 흐름과 조화를 이루기 때문이다. 나는 당신을 존경한다. 왜냐하면 당신은 살면서 매일 전쟁을 치루기 때문이다. 그러나 당신은 꽃향기를 맡으며 잠시 쉬어갈 수 있다. 인생은 짧고 쓰다. 사람들과 교류할 때, 날카로운 검이 아닌 친절한 말로 하자. 좀 더 친절해지자. 여행 중에 만난 모든 사람들은 모두 힘든 전투를 하고 있다.

사람을 만날 때, 검이 아닌 말로 해야 한다.

이 세상에는 겁쟁이가 설 자리는 없다. 우리는 다른 방식의 고생과 아픔, 죽음에 대해 준비하고 있어야 한다. 당신이 생활전장에 나갈 때, 당신을 위해 북을 치며 응원해주는 사람이 하나 없기 때문에, 당신의 전투는 언제나 장엄하다. 생활전장에서 이기고 돌아오든 패배하고 돌아오든, 아무도 당신을 위해 환호하거나 욕하는 사람은 없다.

―스티븐슨 (Robert Louis Stevenson)

태극권과 태극검은 무위와 무불위를 다르게 구현한다. 태극권을 하면, 어떤 일이 발생하더라도 영혼을 자유롭게 한다. 이것이 바로 무위이며, 그 어떤 것도 하지 않는 것이다. 유연하게 순종하는 것은 태극권에서 도를 이용하는 방법이다. 작은 동작이라도 심오한 도리

不伊劍的武士
生活戰場上的英雄
A warrior without
sword
A hero in daily
battlefields

Qiguang Zhao
趙啓光 2006

검을 들지 않는 무사, 생활전장의 영웅

를 내포하고 있다. 조급해 하지 말고 걱정하지 마라. 당신은 여기서 짧은 여행을 하러 온 것뿐이다. 당신은 오늘 바로 위대한 사명을 완성할 수는 없다. 멈춰 서서 우주와 함께 움직여야 한다.

태극검을 단련할 때, 중간에 서서 당신의 검이 하려는 일을 완성해야 한다. 이는 무불위 또는 모든 일을 하는 것이다. 아름다운 모든 일들은 당신의 곁에 있다. 신선한 공기와 닿았을 때, 파란 하늘이 높고 높을 때, 고개를 들어 광활한 하늘의 별을 볼 수 있다. 당신의 검은 그곳에 닿을 수 없지만, 그 아름다움은 당신과 함께 할 수 있다. 당신은 자그마한 것을 크게 만들어, 우주와 함께 떠다닐 수 있다. 극점 교합의 법칙은 기본적인 우주법칙이다. 서로 상반되는 두 가지는 부족한 부분을 서로 메워주고, 각자의 능력을 돋보이게 한다. 그렇기 때문에 태극권과 태극검은 옥석의 양면처럼 서로를 보완한다.

행복

행복은 내재적인 것이다. 행복은 우리가 무엇을 가졌는지가 아니라 우리가 무엇인지에 달려 있고, 우리가 무엇을 얻었는지가 아니라 무엇을 겪었는지에 있다. 무지개를 보았을 때, 우리 가슴은 벅차오르지만 그것을 가지려고 생각하지 않는다. 심지어 많은 사람은 그 끝을 찾아서 무지개를 건너갈 생각을 하지 않는다. 그렇게 할 필요도 없다. 왜냐하면 우리는 아름다운 빛이 구름을 배경으로 펼쳐진 모습을 보았기 때문이다. 우리는 무지개에 어떤 것도 할 수 없다. 무지개를 소유할 수 없고 그저 우리 마음속에서 한껏 빛나게 할 수 있을 뿐이다. 한나라 유안(劉安)이 변방에 사는 한 노인이 말을 잃은 이야기를 썼다.

중국 북쪽 변방에 사는 한 노인은 점을 잘 치는 재주가 있었다. 어느 날 그의 말이 국경 너머 오랑캐에게 도망갔다. 모두가 그를 위로하려고 했지만 오히려 그는 말했다. "이게 축복이 아니라고 어떻게 확신할 수 있소." 몇 개월이 지나, 그의 말이 돌아왔는데, 멋진 종마와 함께였다. 모두가 그에게 축하한다고 했지만 그는 "이게 재앙이 아니라고 어떻게 확신할 수 있소"라고 했다. 종마로 인해 집안은 더 풍족해 졌다. 말 타기를 좋아했던 노인의 아들은 이 종마를 아꼈다. 어느 날 노인의 아들이 말을 타다 떨어져 다리가 부러지고 말았다. 모든 이들이 노인을 위로하고자 했는데, 그가 말했다. "이게 축복이 아니라고 어떻게 확신할 수 있소." 일 년이 지나자, 오랑캐들이 국경을 넘어 신체 건강한 모든 남성이 징집되었다. 열에 아홉은 목숨을 잃었지만, 노인의 아들은 다리를 다쳤기 때문에 부자 모두 무사하게 되었다.

이 이야기는 2,000년 전에 처음 알려진 이후, 지금까지 전해 오는 '새옹득마, 언지비복(塞翁得馬, 焉知非福)'라는 고사성어다. 이것은 행운은 언제든 재앙이 될 수도 있고, 재앙 역시 언제든 행운이 될 수 있다는 것을 말해준다. 이 둘 사이의 바뀜은 끝이 없고, 그 사이의 비밀도 예측할 수 없다. 행복은 우리가 가진 것에 따른 것이 아니라, 말과 돈처럼 득실이 수시로 변한다. 행복해지고 싶다면 물질의 득실이 시시각각 변하는 흐르는 강물처럼, 사방으로 튀기도 하고 요동치기도 한다는 것을 알아야 한다. 그러나 중국의 또 다른 고사 성어인 '눈 깜짝할 사이에 지나가 버린다(轉瞬即逝)'는 것도 기억할 필요가 있다.

강이 흐르고, 작은 배가 출항한다. 이것은 곧 과거가 된다. 모든 것은 눈 깜짝할 사이에 지나간다.

노자는 "화는 복에 기대어 있고 복은 그 속에 엎드려 있다"[73]고 했다. 망망대해는 우리를 표류하게 한다. 물결에 표류하는 작은 배처럼, 흐르는 강물은 우리를 밀어 앞으로 나아가게 한다. 그러나 우리는 바다에게 파도를 멈추라고 할 수 없다. 강물에게 속도를 줄이라고 할 수 없다. 우리는 그들과 한길을 탄 것일 뿐, 그저 함께 현재의 행복과 자유를 누린다. 물에 배를 띄워 새로운 탐험을 시작하게끔 한다. 그렇기 때문에 진정한 기쁨을 직면했을 때, 우리는 멈춰서 모든 것을 해야 한다. 심지어 이를 위해 숨을 죽여야 한다.

시는 인생의 가장 행복한 순간들을 기록한 것이다. 시인은 주위의 아름다움을 보고 이를 운율로 담아낸다. 시는 모든 문화권에서 중시되었고, 3,000년 동안 중국 문화의 중심이었다. 고대 중국의 관리들은 모두 시인이었다. 중국 관리들은 글과 시를 써서 시험을 통과할 수준의 문학적 재능을 갖고 있어야 했다. 중국은 시인들이 다스리는 나라였고, 그 중에 많은 사람들이 도가학자였다. 이들은 자연에 깊이 빠져 자연현상으로 생명을 설명하면서 정치와 사회, 경제적 압박에서 벗어났다.

이백(李白, 701-762년)은 중국의 가장 유명한 도가 시인 중 한 명이다. 그는 근심 걱정 없는 생활방식을 가진 것으로 알려져 있다. 많은 사람들은 그를 중국 최고의 시인으로 뽑는다. 웅장하고 아름다운 대자연을 배경으로 그 어디에도 구속받지 않은 자유로움과 낙관적인 태도를 가졌기 때문이다. 이백 시의 매력은 생활과 자연을 즐기는 그의 모습에서 비롯된다.

「산중에서 답하다 (山中問答)」

내게 묻기를 무슨 일로 푸른 산에 사는가
웃으며 대답하지 않으니 마음 절로 한가롭네.
복숭아꽃 흐르는 물에 아득히 흘러가니
별천지요 인간세상 아니로세.

「달 아래 홀로 술을 마시며(月下獨酌)」

꽃 사이에 술 한 병 놓아두고
아무도 없이 홀로 술을 따른다.
잔을 들어 밝은 달을 부르고
그림자를 마주보니, 세 사람이 된다.
달은 원래 음주를 모르고
그림자는 그저 내 몸짓만을 따라할 뿐이나
잠시나마 달과 그림자와 짝이 되어서
모름지기 이 봄을 즐겨야하리.
내가 노래를 부르면 달은 제자리를 맴돌고
내가 춤을 추면 그림자는 어지러이 일렁인다.
술 취하기 전엔 함께 기쁨을 나누지만
술 취한 뒤엔 각기 헤어져 흩어지기에
정 없는 교유를 길이 맺고자
저 높은 은하수에서 만나길 약속한다.

첫째 시는 중국 전통문화에서 도교 신자인 은둔자의 삶을 묘
사하고 있다. 그는 산에서 행복을 찾았고 이를 한껏 즐기고 있다.
"enjoying oneself(자신을 즐겨라)"는 매우 절묘한 영어표현이다. 중
국어를 비롯한 많은 언어에는 이런 표현이 없다. 비록 "enjoying

당신의 정원에 놀러와 한껏 마실 사람이 없다면, 달을 초대해 손님으로 맞으라.

oneself"의 의미가 행복하고 그 행복이 그 속에 있다는 뜻이지만, 말 그대로 자기 자신 안에 있는 행복을 찾으라는 의미도 있다. 많은 사람들이 일상에서 자기 자신을 버거워한다. 그들은 자신을 끊임없이 움직이게 할 수 있는 일, 스포츠, 카드, 도박, 담배 등을 필요로 한다. 도교 신자들은 이런 것 없이도 스스로 즐길 수 있는 방법을 찾는다. 그들은 혼자 행복하게 살아갈 수 있다. 만약 자연에서 스스로 즐기는 방법을 찾는다면, 행복해질 것이다. 그들에게 자기 자신은 짐이 될 수 없다.

시인 이백은 두 번째 시에서 자신의 외로움이란 감정을 미묘하게 황홀감으로 바꾸어 표현했다. 그는 꽃과 달빛, 그리고 주변의 그

대자연은 가장 좋은 벗이다.

림자와 어울렸다. 사회적 표현들인 '벗' 그리고 '우정'을 이용해 자연과 기쁨의 신뢰를 나누고, 타인으로부터 행복을 찾으려는 마음으로부터 해방된다. 그는 달을 존경하고 달빛만큼 차가운 행복을 경험한다.

이백은 자연에서 자유를 찾았다. 장자가 그의 철학 이야기에 도취한 것처럼, 이백도 그의 시에 도취했다. 그들은 사회의 속박에서 벗어나 자기 자신에게서 나오는 행복을 찾았다. 그들은 자연계의 존엄과 자존을 보았는데, 이것은 느낀 사람들만이 이해할 수 있다. 이백은 장자가 말한 물고기와 비슷하다.

장자가 혜자(惠子)와 함께 돌다리 위에서 노닐고 있었는데 장자가 말했다.

"피라미가 나와서 한가로이 놀고 있으니 이것이 바로 물고기의 즐거움일세."

혜자가 말했다.

"자네는 물고기가 아닌데 어떻게 물고기의 즐거움을 알 수 있겠는가?"

장자가 말했다.

"자네는 내가 아닌데 어떻게 내가 물고기의 즐거움을 알지 못하는지 알 수 있겠는가?"

혜자가 말했다.

"내가 자네가 아니기 때문에 참으로 자네를 알지 못하거니와, 그것처럼 자네도 당연히 물고기가 아닌지라 자네가 물고기의 즐거움을 알지 못하는 것이 틀림없네."

장자가 말했다.

"다시 처음으로 돌아가 보세. 자네가 나를 보고 '자네가 어떻게 물고기의 즐거움을 알겠느냐'고 말한 것은, 자네가 내가 아닌데도 내가 물고기의 즐거움을 아는지 모르는지를 자네가 알 수 있다고 말한 것이기 때문에 이미 내가 그것을 알고 있음을 알고서 나에게 물어온 것일세. 어디에서 알았느냐고? 어디서 알긴. 나는 그것을 호수(濠水)에서 알았다."[74]

물고기는 자신이 해야 하는 일을 하고 있기 때문에 만족했다. 그들은 이리저리 헤엄치고 때때로 거품을 뱉었고, 다른 사물로 변하고 싶다는 생각을 해본 적도 없다. 이백과 달빛, 말과 초원, 물고기와 물은 모두 행복의 지경에 이르렀다. 그들은 다른 사람의 인정을 필요로 하지 않았다. 그렇기 때문에 여론의 포로도 아니었다. 행복은 내 안에서 발견된다. 물질적 만족감과 대중의 감탄사는 밖에서부터 오는 것이다. 내재된 행복은 표면적인 즐거움을 언제나 뛰어넘는다.

내재된 행복은 개인적이고 조용한 환경을 필요로 한다. 이러한 환경은 우리를 일상생활 속에서 발생하는 불안함에서 해방시켜준다. 불안함은 생존을 위해 꼭 필요한 것이지만, 이는 찰나의 순간이어야 한다. 길어지면 길어질수록 불안함은 내적인 건강에 좋지 않으며 나아가 사회적 조화마저 무너뜨린다. 평정심은 지혜를 쌓고 참을성을 기르게 하며 건강하게 한다. 고요함(安靜)은 우리를 더욱 강하게 만들고, 세상에 기여할 수 있도록 한다. 두려워하고 화내거나 슬퍼할 때, 우리는 작아져 무형의 허물 속으로 들어간다. 동시에 주변 사람들에게 '먹구름'을 가져다준다. 중국에는 "일인향우, 만좌불락(一人向隅, 萬坐不樂)"이란 말이 있다. 다시 말해 구석에 앉아 있는 한 사람의 슬픔이 방 안의 모든 사람을 기쁘지 않도록 할 수 있다. 반대로 기분이 좋은 사람은 꽃향기를 내고 무지개의 아름다운 자태와 내적 평정심을 전달한다. 이것은 주변 사람들에게 퍼지게 된다.

사회는 많은 개체로 구성된다. 모든 개체는 단체의 상태에 책임을 져야 한다. 몇백 년 동안 철학자는 사회를 위해 자신을 희생하는 이타주의를 줄곧 이야기해왔다. 우리는 신(新)도가로서 이런 사심 없는 관점에 동의한다. 그러나 여기에 개인의 기분 하나만으로도 세계의 집단적 마음가짐이 바뀔 수 있다는 점을 덧붙여야겠다. 불행한 사람이 힘을 가지고 있다면, 그의 불행에 세상을 초대할 것이기 때문에 위험해질 것이다. 역사는 이를 증명하고 또 증명했다. 권력을 가진 사람처럼, 우리 모두 여러 사람에 영향을 미칠 수도 있다. 만약 당신이 행복하고 건강하다면, 세상에 행복과 건강을 줄 수 있다. 가끔은 세계와 상관없이 당신 자신만 행복해지려 한다고 느낄 수 있다. 그러나 사실상 당신이 했던 모든 것, 그 자체로도 인류에 조화를 가져온다. 당신의 기쁜 마음은 세상의 무지개를 더욱 다채롭게 한다. 이러한 무위 또한 무불위다.

행복함은 자연스러운 것이다. 마음이 무위하도록 한다면, 행복함을 느낄 것이다. 유럽과 미국의 문화는 '속죄'의 문화다. 이런 문화에 영향을 받은 사람은 보이지 않는 손에 의한 징벌을 두려워한다. 당신에게 죄책감을 주는 보이지 않는 힘을 뿌리쳐라. 당신에게 한계란 없다. 실현 불가능한 기쁨과 행복은 없다. 중국문화는 '수치'의 문화다. 여기에 영향을 받은 사람들은 체면이 서지 않을까 두려워한다. 당신에게 수치심을 주는 유형의 사회를 내던져라. 그렇다면 일상 속의 슬픔을 행복으로 바꿀 수 있을 것이다.

후회하지 않기

지극히 공허(虛)하고 고요(靜)한 자리에 있게 하라.

만물이 일어남이 그 자리 복(復)에 있음을 볼 수 있다.

존재자들이 무수하나 모두 각각 그 자리에 뿌리를 두고 있다.

그 뿌리 두고 있음을 고요(靜)라 하니

이를 복에 따른다 하여 생을 회복한다(復命)고 한다.[75]

후회하지 말자. 세상에 일어난 모든 일 모두 당신의 책임은 아니다. 당신과 당신 가족이 맞닥뜨린 일도 모두 당신의 책임이 아니다. 당신은 그저 바닷속의 물 한 방울일 뿐이다. 당신이 미치는 영향은 당신보다 훨씬 더 큰 주체의 움직임에 달려 있다. 당신 스스로가 신이 아니라고 깨닫는 것이 가장 안심할 수 있는 좋은 방법이다. 그 누구도 자신을 신이라고 말하지 않는다. 그러나 많은 사람이 자신 스스로를 신처럼 자기 주변의 모든 일을 통제할 수 있다고 생각한다. 세상사는 그들이 생각한 대로 일어나지 않고, 이렇게 흘러간 일들에 대해 후회하곤 한다.

매일 밤, 양말을 벗을 때 모든 문제들도 바닥에 내려놓아라. 두려워하지 마라. 당신은 절대 잃어버리지 않을 것이다. 다음날 아침, 다시 양말을 신을 때, 당신의 세상만사는 다시 돌아올 것이기 때문이다. 하루가 끝나면 당신은 항구에 도착한 배처럼, 파도의 세레나데를 듣는 기러기처럼, 땅 위에 구르는 낙엽처럼, 고향을 그리워하는 나그네처럼 고향에 돌아간다. 당신이 무위, 아무것도 하지 않는 행복한 세계로 들어설 때, 고요하고 평화로운 마음을 가지자. 모든 것, 모든 사람들 그리고 모든 걱정을 내려놓자. 노자는 "지극히 공허(虛)하고 고요(靜)한 자리에 있게 하라. 만물의 온갖 움직임이 다시 돌아가는 것(復)을 볼 수 있다"고 했다. 잠잘 때 공허와 평정, 안녕의 상태에 진입할 수 있다.

세상에서 가장 진귀한 것은 생명이다. 우리가 한 번밖에 가질 수 없는 것이다. 사람이 죽을 때 이렇게 말해야 한다. "이번 이별이 나에게는 조금도 낯설지 않다. 매일 밤 잠들기 전 모든 것을 내려놓는 연습을 했기 때문이다. 나는 무언가를 해왔고, 이제는 아무것도 하지 않을 것이다. 나의 생을 후회하지 않는다. 지금도 후회는 없다." 후회는 언제나 우리가 결정한 후에 따라오는 그림자와 같다. 처음 당신의 생각은 때를 기다리는 봄철 꽃봉오리 같았다. 그러나 결정을 내렸다 하면, 천둥 번개가 뒤따라온다. 후회는 여름의 폭풍우가 들이치는 것과 같다. 사나운 기세로 휘몰아쳐, 마음에 핀 꽃들조차 젖어버리게 하는 비를 쏟아낸다. 그리고 후회는 부드러운 뉘우침이 된다. 마치 가을의 이슬비처럼 상처 입은 영혼에 노크한다. 결국 후회는 겨울의 하얀 눈처럼 내려와 당신의 피 흘린 상처를 아물게 한다.

노자가 "무위(無爲), 무회(無悔)"라고 했다. 이것은 행동하지 않으면 후회하지 않는다는 의미이다. 행동은 후회를 낳는다. 어떤 행동도 처음부터 완벽할 수 없기 때문이다. 일을 그르치고 싶지 않는 유일한 방법은 그 무엇도 하지 않는 것이다. "행동하지 않으면 후회하지 않는다"는 노자의 말은 무위를 통해 다스리는 사상을 반영하고 있다. 이런 상황에서 무위는 후회하지 않기 위해 선택하지 않는 것이 아니라 오히려 강물처럼 끊임없이 '수정'하는 것이다. 'correct'라는 영단어의 형용사 의미는 '올바르다', '틀리지 않다'는 뜻이다. 그러나 'correct'가 동사로 사용될 때는 어떤 점을 올바르게 고치는 것이다. 따라서 올바르고(correct) 싶다면, 지나간 잘못에 슬퍼할 것이 아니라, 끊임없이 자신을 고쳐야(correct)한다.

사실상 이것은 무불위의 이치에 따른 것이다. 길을 걸을 때, 앞을 향해 발걸음을 내딛는다. 얼마 지나지 않아 잘못된 방향이라고 깨닫고, 다시 돌아와야 할 것이다. 우리는 이 첫 번째 발걸음이 잘못되었다고 후회할까? 그렇지 않을 것이다. 우리는 끊임없이 발을 움직여

방향을 바꾸어 몸이 앞으로 매끄럽게 나아간다. 우리의 발은 반대 방향으로 나아가며 모든 것을 하고 있고(無不爲), 우리의 몸은 앞으로 나아가면서도 아무것도 하지 않는다(無爲). 따라서 우리 마음에는 후회가 없다. 모순이 생기고 지나가는 것은 지극히 자연스럽기 때문이다.

모든 문제는 언젠가 자연스럽게 해결된다. 이것이 이치다. 오지 않은 미래를 걱정하지 않고 지나간 과거를 후회하지 않는다. 자기 자신이 이렇게 이번 생애를 보낼 수 있도록 하라. 아무것도 아닌 존재가 되었을 때, 그 어떤 일도 두렵지 않을 것이다. 여명 속 구름을 볼 때, 막 떠오르는 태양이 비쳐 색은 점점 옅어지는데도 참으로 편안하다. 햇빛이 관통했음에도 전혀 방해받지 않은 것 같다. 산맥과 골짜기로 통과할 때, 결코 산봉우리를 스쳐 지나가는 것 때문에 득의양양하지 않는다. 깊은 산골짜기로 떨어져도 침울해 하지도 않는다. 아무것도 하지 않는 것처럼 보이지만, 사실상 모든 것을 했다. 구름은 원래 산꼭대기를 향해 떠다니는 것을 두려워하지 않는다. 산골짜기를 지난다고 후회하지도 않는다. 이것이 무위이자, 무불위의 심리상태다. 기쁘지도 슬프지도 않고, 조용히 흐름에 따라 행동할 뿐이다.

계곡이 흐르는 것을 보면, 앞을 막고 있는 바위를 자유자재로 지나가 맑고 투명한 계곡물이 바위 위로 졸졸 흐른다. 흐르는 물속의 바위처럼, 장애물은 인생의 여정을 더욱 아름답게 만든다. 그래서 작가 모리스 톰슨(James Maurice Thompson)은 "보글보글, 계곡이 오래된 멜로디처럼 꿈속에 들어온다"고 했다. 이것이 바로 삶의 길이다. 작은 장애물이 있다고 해서 걸어가는 길을 멈출 수는 없다. 그러나 바위를 만났을 때는 계곡물도 구부러지거나 분산된다. 이것은 "잘 사는 것은 물 흐르는 것같이 사는 것이다. 물은 만물을 이롭게 하면서도 다투는 일이 없으며 항상 남들이 싫어하는 낮은 자리에만 처한다. 도를 따라 사는 것이 이와 같다"[76]는 노자의 말과 같다. 물은 언제나 흐름에 따라 유리한 방향으로 이끌 수 있다. 넘어서거나 포기하거나, 아무것도 하지 않거나, 무엇이든 하면서 계곡 물은 두려움도 후회도 없이 졸졸 흐른다. 이것이 바로 생명이 가져야 할 상태다. 한번은 아버지께 내 노트에 무엇이든 적어달라고 청하자 이렇게 적었다.

치광(啓光)에게
다른 사람들을 대하는 데 관대하고, 자신을 대하는 데에도 관대해져라. 예전의 나는 다른 사람을 대하는 데 관대해지고자 노력하고, 나에게는 엄격했다. 증자(曾子)가 말했다. "다른 사람들을 대하는 데 관대했지만 나를 엄격히 대하는 것은 부족했다." 벌써 팔십인데, 인생관이 어찌 바뀌겠는가.

1995년 9월 12일, 추석(9월9일)이 사흘 지난 날
아버지로부터

아버지는 지혜로운 사람이었다. 물리학 교수이자 난카이(南開)대학의 학장이었다. 그는 80여 년 세월 동안, 어떻게 자신을 대하고 다

른 사람을 대하는지에 대해 공부했다. 우리는 너그럽게 다른 사람을 대해야 하고 다른 사람을 대하듯이 자신을 대해야 한다. 세상에 완벽한 것은 없다. 그렇기 때문에 자신이나 다른 사람이 넘어졌을 때, 온화하고 인자하게 부축해주어야 한다. 자신의 길을 가게 하라. 발의 방향을 바꿀 때, 다른 사람의 말에 상관하지 마라. 끊임없이 수정하고 바꿔서 생활에 여한이 남지 않도록, 우주가 자신의 길을 가도록 해야 한다. 가책을 느끼지 말고 자책하지 말며, 후회하지 않고 두려워하지 말며, 의심하지 않고 스스로의 걱정거리를 만들지 않으면서 침착하게 길을 지나가보자.

장수

동서고금 철학을 막론하고, 도가는 생명을 가장 중시한다. 도가의 전통에 따라 나는 칼턴대학에서 '도가 건강과 장수의 길'이라는 강좌를 열었다. 도가의 건강하고 장수하는 방법에 현대과학으로 만들어진 개념을 추가해 강의했다. 매년 수강생이 전교에서 가장 많았다. 베이컨 이후 이론은 실험을 통해 증명되었다. 말로만 하면 소용이 없기 때문에 실험을 통해 장수를 증명했다. 미국 학생은 이를 보고 감탄하지 않는 사람이 없었다.

우리 집에 '환환'이라는 반려견이 있다. 반려견은 보통 12~13년 정도를 산다. 그러나 환환은 벌써 스무 살이다. 신기한 것은 2011년 8월에 환환을 데리고 중국에 돌아가 1년 넘게 살다가 2012년 11월에 다시 미국으로 데려왔다. 이 개는 태평양을 두 번이나 건넜지만 지금도 건강하고 활발하게 뛰어 논다. 인간의 1년은 개에게는 7년이다. 그렇기 때문에 환환의 나이를 인간 수명으로 환산하면 140세 정도이다. 환환이 이렇게 오래 산 것은 우연이 아니다. 도가의 건강장수 신화가 과학적 사실이 되고 있다. 환환을 키운 도가의 이념에 대해 아래와 같이 간단히 설명하겠다.

적게 먹여라. 개의 조상은 늑대다. 배고픔은 늑대가 살아가는 동기이다. 일단 포식을 하면 누워서 움직이지 않는다. 나의 관찰로는 매일 포식하고 누워 있는 개는 열 살을 넘기지 못했다. 노자는 "먹다 남은 찬밥덩이요, 군더더기로 몸에 붙어 있는 혹덩어리다. 이것은 누구나 싫어한다. 그러므로 참된 사람은 그렇게 살지 않는다"[77]고 했다. 나는 뱃속이 60퍼센트 찰 때, 즉 그리스 인이 말한 황금비율(0.618)이면 된다고 생각한다.

야채를 많이 먹여라. 야채 위주로 먹여라. 일부 사료는 소량의 어류와 각종 비타민을 보충해 준다. 장자는 "채식하고 자유롭게 노닐며 얽매임 없이 떠다니는 배와 같이 가볍다"[78]고 했다. 소량의 어육이 있기 때문에 야채 편식으로 안 먹는 일은 없을 것이다. 음식에 소량의 올리브유를 넣으면 심혈관을 보호할 수 있다.

물을 많이 먹여라. 물은 생명의 근원이다. 노자는 "상선약수(上善若水), 잘 산다는 것은 물 흐르는 것같이 사는 것"[79]이라고 했다. 개는 자기가 알아서 물을 많이 마실 수 없기 때문에 음식에 물을 섞는 방법으로 해 주어야 한다. 이와 관련해 개가 화장실에 갈 수 있도록 해

작가가 키우는 두 마리의 반려견, 환환과 러러

주어야 한다. 하루 4-5회가 좋다. 물은 체내 순환을 돕는다. 물이 부족하거나 오줌을 참는 것은 인간이나 개의 수명을 갉아먹는 일이다.

무위무불위

이 외에도 청결을 유지하고 자주 씻어야 한다.

많이 움직여라. 노자는 "움직일수록 더욱 많은 사물과 현상을 만들어낸다"[80]고 했다. 개와 산책을 하면, 개와 인간 모두에 유익하다. 하루에 두 번 이상, 총 1-2시간 정도면 된다.

자연과 친해져라. 산책은 풍경이 좋은 곳이나 강가의 숲속이 좋다. 환환을 데리고 집 주변의 운동장과 미시시피 강가에서 산책했다. 노자는 "사람은 땅을 본받고 땅은 하늘을 본받고 하늘은 도를 본받고 도는 자연을 본받아 존재하고 있는 것"[81]이라고 했다. 자연은 인간과 동물의 선생님이자 의사이며 친구다.

교류하라. 개는 무리지어 사는 동물이기에 외로움을 싫어한다. 외출 전이나 집에 돌아오고 나면 안아줘야 한다. 개와 말을 할 수 있다. 말을 많이 걸다 보면 개도 자연스럽게 조금은 알아들을 수 있다. 그러면 사람에게도 좋은 점이 있다. 개의 유전자는 인간과 95퍼센트 같다. 따라서 이러한 조언은 사람에게도 적용할 수 있다. 지난 200년 동안 인간의 수명은 40년에서 80년으로 늘었다. 생활방식이 합리적이고 이치에 맞고 과학적이라면, 인간의 수명은 다시 배로 늘 것이다. 현재 50-60세 사람들은 150년 정도는 살 수 있을 것이다. 당연히 환환을 키운 방법은 이러한 여섯 가지만이 아니다. 나는 환환을 건강하게, 몇 년 더 살게 하기 위해 노력해 가장 오래 사는 개가 되게 할 것이다. 그때 나는 세상에 말할 것이다. 개가 가능하다면, 당신도 가능하다고.

삶과 죽음

하늘과 땅이 장구한 까닭은
스스로를 내세워 경쟁하지 않고
살아가기 때문이다.
성인 또한 스스로를 내세우지 않는지라
성인이 될 수 있다.
그러므로 나를 버리는 데서
'참 나'를 이룰 수 있다.[82]

자신이 장수하기 위해서는 우주에 합류해야 한다. 우주와 함께
하기 위해서는 자신을 되돌아보아야 한다. 어떤 때는 쓸데없는 말처
럼 들리지만, 만약 기존의 틀을 벗어나 다른 각도에서 본다면 이 의

미가 크다는 것을 발견할 수 있다. 세상은 두 개의 반대의 성질로 나뉘어져 있다. 모든 것에는 대립면과 양면성이 있다. 한 면이 부정당했을 때, 그것은 다른 면으로 점점 발전하게 된다. 종종 앞으로 나아가기 위해 뒤를 향할 필요가 있다. 어떤 상황이든 대립면은 필요하다. 길을 걸을 때 한쪽 발이 먼저 움직이면 다른 쪽 발은 뒤로 밀려나간다. 이 뒷발이 몸을 앞으로 보낸다. 나이 드는 과정에서 뒤쳐질수록 더 오래 사는 것이다. 다른 말로 하면 뒤쳐짐으로써 앞으로 나아갈 수 있다.

이런 과정은 자연스러워야 하고 편안해야 한다. 어떤 외부의 힘에 의해 실현되는 것이 아니다. 형식상의 변화가 있을 때, 이들도 변화가 생기지만 꽃과 구름처럼 본래의 구조가 바뀌지는 않는다.

사람이 살아 있을 대는 그 몸이 부드럽고
죽으면 그 몸이 굳고 딱딱하다.
만물과 초목이 살아 있을 때는
가지와 줄기가 부드럽고 연약하나
죽으면 그 가지와 줄기가 말라 굳어지고 딱딱하다.
그러므로 굳고 딱딱한 것은 죽어 있는 것에 속하고
부드럽고 유연한 것은 살아 있는 것에 속한다.
그러므로 전쟁에서 병사들이 강함을 내세우면
이기지 못하게 되고

나무가 강하면 꺾어지게 된다.

나무가 강하고 굵은 것은 밑동으로 아래에 있고

부드럽고 약한 가지가 위에 있는 것은 그 때문이다.[83]

노자의 지혜는 다양한 현상에서 발견할 수 있다. 모든 사람들은 혀와 치아를 갖고 있다. 어느 것이 더 부드러운가. 당연히 혀다. 무엇이 먼저 뽑혀 나오는가. 당연히 치아다. 혀가 뽑힌 사람에 대해 들어본 적이 있는가. 이솝 우화에 나오는 「참나무와 갈대」 이야기는 비슷한 주제이다. 아주 큰 참나무가 바람에 뿌리가 뽑혀 계곡 건너 갈대밭으로 넘어졌다. 참나무가 갈대에게 말했다. "이렇게 가볍게 날고 유약한데 어떻게 그 엄청난 바람에 넘어지지 않았는지, 너무 신기했습니다. 어떻게 한 겁니까?" 갈대가 대답했다. "당신은 바람에 맞서 싸웠지만 결국은 졌습니다. 그때 우리는 이와는 반대로 가장 짧은 바람에도 몸을 구부렸습니다. 그래서 부러지지 않고 살아날 수 있었습니다." 구부러짐, 즉 양보를 해서 살아남았다. 더 구부릴수록, 더 양보할수록, 더 오래 살 수 있다. 그러나 죽음은 언젠가 우리 앞에 다가올 것이다.

삶과 죽음 속에서 무엇이 더 정상적인가. 삶이 정상적인 것이라면, 왜 사람들은 지구가 아닌 곳에서 살아 있는 생명체를 찾지 못하는가. 만약 죽음이 비정상이라면, 왜 하늘엔 생물이 존재하지도 않는 천체들이 반짝이고 있는가. 만약 삶이 정상적이라면, 왜 당신은

80~90세까지밖에 살지 못하는가. 그러나 죽음은 삶의 이전과 죽음 이후를 포함하는 영원이다.

생명의 흔적이 전혀 없는 화성의 표면은 정상적이다. 물도 생명도 존재하지 않는 그 황망한 광경은 지구의 녹음이 우거진 목초의 풍경보다 일반적인 우주의 상태를 더 잘 표상한다. 우리는 생명에게 액체화된 물이 없으면 생명이 살 수 없다고 알고 있다. 그러나 액체 형태의 물은 우주 속에는 거의 없다. 지금까지 증명된 바로는 지구에만 존재한다. 천문학자들이 엄청난 노력을 했지만, 화성에 물이 존재했었다는 가능성을 어렴풋이 증명하는 데에 그쳤다. 물이 없기 때문에 다른 행성에는 생명이 없다. 그렇기 때문에 삶이나 생(生)과 비교했을 때, 죽음과 사(死)야말로 우주의 본질이다. 죽는다는 것은 정상상태로 돌아가는 것일 뿐이다. 우리는 이 짧은 비정상적인 상태, 생에 연연하지 말아야 한다. 죽음의 영원과 우주의 보편적 규칙을 거역해서는 안 된다. 목숨을 아끼고 죽음을 두려워하는 사람은 어린아이가 길을 잃어, 집에 돌아가지 못하는 것과 같다. 『열자』에는 제나라 경공(景公)이라는 사람의 이야기가 나온다.

제 경공은 우산(牛山)을 둘러볼 때, 북쪽으로 그의 수도가 치성(淄城)과 인접해 있는 것을 보고 눈물을 흘리며 말했다. "정말 아름답구나, 나의 수도여! 목초가 무성하다. 나는 왜 시간의 흐름에 따라 이 도시를 떠나 죽어야 하는가. 만약 고대에 죽은 사람이 없다면, 이곳을 떠나 어디로

가는가." 사공(史孔)과 양구거(梁丘據)가 모두 함께 울며 말했다. "우리는 국왕의 은혜에 의지해 밥과 반찬도 먹을 수 있고 거마도 탈 수 있는데도 여전히 죽고 싶지 않은데, 우리의 국왕은 어떻겠습니까!" 안자(晏子)가 혼자 옆에서 웃기 시작했다. 경공은 눈물을 닦으며 안자에게 말했다. "오늘 둘러보며 슬픔을 느끼네. 사공과 양자공은 나와 함께 울어주었는데, 그대만 홀로 웃고 있으니, 무슨 이유인가." 안자는 이렇게 대답했다. "현명한 군주가 오래오래 자신의 국가를 지킬 수 있다면, 태공이나 환공은 오래오래 이 나라를 지킬 수 있겠지요. 만약 용감한 군주가 오래 국가를 지킬 수 있다면, 장공이나 영공이 오래 이 나라를 지킬 수 있겠지요. 이렇게 많은 군주가 이 나라를 지킨다면, 국왕께서는 도롱이와 삿갓을 쓰고 뱃속에 서서 농사일만 생각했을 텐데, 어찌 한가한 틈이 있어 죽음을 생각하겠습니까. 또한 어찌 국왕의 자리를 가질 수 있고, 될 수 있겠습니까. 이 모든 것은 모두 국왕이 되고 또 모두 죽었기에, 지금의 국왕님께 차례가 돌아온 것이지요. 그러나 여기서 눈물을 흘리시다니, 인의(仁義)하지 못한 것입니다. 제가 인(仁)하지 못하고 의(義)하지 못한 주군을 보고, 또 아부하는 대신을 보았습니다. 이 두 종류의 사람을 보니 혼자 웃을 수밖에요." 경공은 부끄러움을 느껴 잔을 들어 자신에게 벌주를 내렸다. 또한 사공과 양구거에 두 잔의 벌주를 내렸다.

여기 죽음과 관련해 장자의 이야기도 있다.

어느 날 우리가 죽어서 이 도시를 잃게 되면 울어야 할까, 웃어야 할까?

장자의 부인이 죽자 혜자(惠子)가 조문했다. 장자는 다리를 뻗고 철퍼덕 앉아 곡식을 넣어둔 동이를 두드리며 노래를 부르고 있었다.

혜자가 말했다. "함께 살면서 자식까지 키우고 함께 늙도록 연륜(年輪)을 쌓은 그 아내가 죽었는데도 곡을 하지 않는 것도 모자라 게다가 한술 더 떠서 동이를 두드리며 노래까지 하다니 너무 심하지 않은가."

장자가 말했다. "그렇지 않다. 이 사람이 처음 죽었을 때에 난들 어찌 슬프지 않았겠는가. 그러나 그 삶의 처음을 살펴보았더니 본래 삶이 없었다. 삶이 없었을 뿐만 아니라 본래 형체(形體)도 없었고, 형체가 없었을 뿐만 아니라 본래 기(氣)조차 없었다. 혼돈 속에 섞여 변화하여 기가 나타나고 기가 변해 형체가 이루어졌고 형체가 변해 삶이 이루어졌다가 지금 또 변화해 죽음으로 갔다. 이것은 서로 봄, 여름, 가을, 겨울이 되어 사계절이 운행되는 것과 같다. 저 사람이 천지의 큰 집에서 편안히 쉬고 있는데 내가 시끄럽게 떠들면서 사람들의 곡소리를 따라 울어대는 것은 스스로 천명(天命)을 알지 못하기 때문이라고 여겼기에 그만두었다."[84]

장자 이야기가 주는 메시지는 많은 도가사상과 일치한다. 죽음은 자연으로의 회귀이며, 평화와 영원으로의 회귀다. 평화와 영원

장자가 부인이 자연으로 돌아가는 것을 환송하다.

으로의 자연스러운 회귀다. 그러나 도교 신자들이 이 '위대한 회귀'를 좋다고 생각한다면, 왜 장수와 영생에 사로잡혀 있는가. 연금술로 만병통치약을 얻고자 하는 것은 불로장생을 추구했던 도가의 세계에서는 가장 유명한 전통이다. 만약 죽음을 두려워하지 않는다면, 왜 수고스럽게 죽음에서 달아나려 하는가.

산 정상에서 일몰을 기다린다고 해서, 산 속의 집으로 돌아가는 길을 무서워한다는 것을 의미하지는 않는다. 진정한 도가는 생명을 사랑하지만 죽음을 두려워하지는 않는다. 영생을 추구하는 것은 미지의 조용한 죽음의 영역을 두려워하는 것이 아니라, 익숙한 삶의 영역에 조금 더 있고 싶은 것이다.

우리는 이 세계에 잠시 머물다 갈 뿐이지만, 다른 세계에서는 영원히 머문다. 죽음을 겪은 적이 없기 때문에 흥미로운 것이 분명하다. 그렇지만 삶 또한 흥미롭다. 우리가 해 보았고 또 있어봤기 때문이다. 이 모험을 최대한으로 즐기고 싶고 아무것도 하지 않기 전에 모든 것을 해보고 싶을 것이다. 만약 삶이 꿈이라면 이 꿈을 길고 달콤한 것으로 만들자. 만약 삶이 놀이라면, 재미있게 만들자. 만약 삶이 편도 여행이라면, 멈추고 나가 경치를 구경하자. 왜 그리 급한가. 왜 항상 '다 왔나요'라고 묻는가. 죽음을 이해한다면, 장수와 건강 그리고 아무것도 두려워하지 않는 생활을 할 수 있다.

삶과 죽음 사이의 경계는 절대적이지 않다. 우리는 죽음을 잘 이해하지 못하고 있다. 하나도 이해하지 못하는데 어떻게 죽음이 삶보

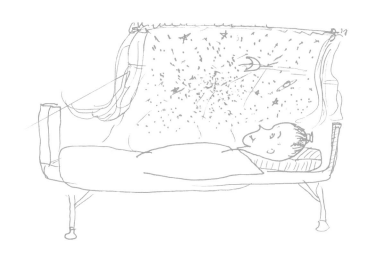

어디가 더 재밌지? 여기 아니면 저기?

다 낫지 않다는 것을 아는가. 죽음을 이해한다면, 죽음 때문에 울지는 않을 것이다. 죽음이 두렵지 않다. 도리어 알지 못하는 것에 두려움을 느낀다.

진나라(265-317년)에서 도(道)는 이론일 뿐만 아니라, 많은 학자가 따르던 생활방식이었다. 이 중에는 '죽림칠현(竹林七賢)'이라 불리던 유명한 학자도 있었다. 이 일곱 명의 현인 중에서 유영(劉伶)은 세속 일에 가장 흥미가 없던 사람이었다. 『진서·열전(晉書·列傳)』19편에는 유영에 대해 이렇게 기록하고 있다.

외모는 추했고 자유분방한 영혼을 가졌으며, 과묵하고 사교성이 좋지 않았다. 그의 영혼은 우주를 부유했고, 세상의 만물과 하나가 되었다. 그는 죽림칠현 중 완적(阮籍)과 혜강(嵇康)을 만나자 크게 즐거워하여 그들과 산속에 들어가 은거했다. 재산에 개의치 않고 누추한 수레를 타고 다니며, 손에는 술 한 주전자를 들고 다니면서 하인에게 괭이를 들고 수레를 따라다니게 했다. 또한 "만약 내가 취해 죽으면, 바로 그곳에 나를 매장하라"고 했다. 괭이를 이고 다니는 소년과 함께 돌아다녔고 사람들에게 죽음은 두려운 것이 아니라 마치 삶처럼 정상적인 것이며 어쩌면 삶보다 더 정상적인 것이라고 했다.

유영이 유달리 술을 좋아한 것은 따를 만한 것이 못 되지만, 방탕한 행동은 위진 시기 명사들의 행위예술이었다. 이를 통해 그들은 생사를 넘는 달관의 철학을 표현하고 싶었던 것이다. 유의경(劉義慶, 403-444년)이 편집한 『세설신어(世說新語)』 1권에는 유영이 집에서 세속의 구애를 받지 않은 채, 옷을 벗고 술을 마셨다고 한다. 사람들이 이를 보고 그를 헐뜯자 "나는 하늘이 집이고 방이 옷인데, 당신은 왜 내 옷 안에 들어오는가"라고 했다. 죽림칠현 같은 사람은 천지와 하나가 되어 예의와 법도에 얽매이지 않을 수 있었다. 생사를 꿰뚫어 보면서 안하무인(眼下無人)할 수 있었다.

장자는 죽음을 무한한 우주에서의 작은 변화라고 생각했다.

유영의 당부 "만약 내가 취해 죽으면, 그 자리에 매장하라."

대자연은 나의 형체를 의탁할 뿐 아니라, 아울러 살아가는 것으로 나를 고통스럽게 하고, 늙어가는 것으로 나를 편안하게 하며, 죽는 것으로 나를 쉬게 한다. 그래서 나의 존재를 좋은 일로 보는 것과 똑같은 이유로 나의 죽음도 좋은 일로 본다. 배가 큰 산의 개울가에 있고 낚시 도구가 깊은 물속에 있다면 매우 든든하다. 그러나 한밤중에 힘센 장사가 산과 계곡 그리고 강을 들고 도망간다고 해도 자고 있는 사람들은 전혀 모를 것이다. 작은 것들은 큰 것 안에 숨겨야 마땅하다. 그러나 그렇게 해도 여전히 잃어버리게 된다. 세상을 세상 안에 숨기면 그것을 잃어버리지 않을 수 있다. 이것은 보편적 법칙이다. 사람은 몸을 얻었을 때 행

　　　　　　　　　　　　　　　　　　　　　　무위무불위

복해하지만 그 몸은 끊임없이 변화한다. 이러한 변화 속에서 행복한 마음은 헤아릴 수 있는가, 행복은 끝이 없다.

죽음이 다가오는 그날은 두려울 것이다. 스스로 말한 삶을 가지고 또 잡고 싶어 한다. 그러나 그것은 우주의 수백만 종의 변화의 하나일 뿐이다. 나뭇잎이 떨어지고 태양이 지며, 별이 타버리고 우리도 죽는다. 삶과 죽음은 하나의 과정 속의 다른 단계이다. 그렇기 때문에 삶이 아름답다고 생각한다면, 죽음도 무서운 것이라 생각하지 말아야 한다. 세상을 떠나기 전, 절대로 "나는 이 일을 하지 않았다. 또는 나는 그 일을 한 것을 후회한다"는 말을 하지 않을 것이다. 이

우리가 깊은 산골짜기에 배를 숨겨도 힘이 센 사람은 이를 찾아내 끌어낼 것이다.

와는 달리 "나는 와본 적 있다. 원망도 후회도 없다. 무위하고 무불위하다"고 말할 것이다.

홍위병이
문을 두드릴 때

모든 칼턴대학의 신입생은 입학과 함께 한 권의 책을 읽어야 했다. 2003년에는 『발자크와 바느질하는 중국소녀(Balzac and the Little Chinese Seamstress)』였다. 나는 입학식에서 이 책에 대해 이야기했다. 다음의 내용은 2003년 9월 11일 칼턴대학 스키너 메모리얼 채플(Skinner Memorial Chapel)에서 했던 연설의 일부이다.

아르키메데스는 "충분히 긴 지렛대와 지렛목이 설 자리를 달라. 지구라도 들어 올릴 것"이라고 이야기한 적이 있다. 여기서 지렛목을 어디에 설치해야 할까. 물리학은 우리에게 물체 간 거리가 길수록 지렛대가 더욱 강해진다고 이야기한다. 우리는 지렛대를 미지의 세계, 아름다움 그리고 우리의 친구인 인간에 두어야 한다. 단단한 땅 위에 있을 때에만 세계를 움직일 수 있다. 나는 그 연결의 힘을 직접 보았다. 내가 여러분의 나이 때, 중국에서 문화대혁명을 경험했다. 문화대혁명은 반(反)문화혁명으로 근대 중국, 전통 중국, 그리고 다른 세계와의 연결을 끊어 프롤레타리아 혁명 문화를 만드는 것이었다.

문화대혁명 초기에 홍위병들이 '부르주아의 책과 물건'을 찾으러 여러 집 곳곳을 찾아다녔다. 우리 부모님 댁에 찾아온 사람은 대학생들이었다. 그들은 물리학 교수였던 내 부모가 가르쳤던 학생들이었다. 어느 날 밤, 홍위병들이 대문을 거세게 두드렸다. 그 순간 나는 홍위병들의 손에 들어가면 위험한 어머니의 일기가 생각났다. 일기를 가로채 홍위병들이 대문으로 들어오는 순간 뒷문을 향해 내달렸다. 1.5킬로미터 정도 달린 뒤 공공화장실에 숨어 있었다.

화장실은 조용했다. 달과 별들이 내 머리 위의 창문을 통해 빛을 쏟아냈다. 익숙한 귀뚜라미 소리와 익숙하지 않은 홍위병의 행진 군가가 들렸다. 나는 깊숙이 간수한 일기장을 펼쳐 보았다. 이 일기가 심연으로 없어지기 전에 마음에 간직하고 싶었다. 달빛 아래에서 어머니의 일기를 보았고 읽은 뒤에는 일기 한 장 한 장을 찢어 변기에 버린 뒤 물을 내렸다. 대부분의 일기는 섬세한 서예체로 적혀 있었다. 내용의 일부는 영어로 돼 있어서 읽을 수 없었다. 약 두 시간 뒤 나는 어머니가 어떻게 시골 소녀에서 물리학 교수가 되었는지 알 수 있었다. 전쟁과 기근, 혁명으로 가득한 나라에서 어머니는 지식을 추구하고 자신과 세상을 연결하는 데에서 동기를 얻었다. 불확실한 상황에서 어머니는 스스로 단단하게 일어설 수 있는 기반을 발견한 것이었다.

화장실을 나와 밤하늘의 별을 보았다. 조용하고 신비로우며 아름다웠던 밤하늘은 어두운 세상과 대비되었다. 집으로 돌아왔을 땐 홍위병은 가고 없었다. 집은 어지럽혀졌고 일부 개인 글들은 없어졌지만 대부분 책들은 그대로 남아 있었다. 어머니는 당신의 일기가 홍위병들에게 발견되기 전에 치워졌다는 점에 안도했다.

아버지는 "그 아이들은 물리학과에서 내가 가르치는 학생들이었지"라고 했다. 나는 아버지가 덜 어지럽혀진 집을 보고 안도했는지, 사제지간의 유교적인 관계가 망가진 것에 대해서 애통해했는지 알 수 없었다. 몇 년이 지나고 혁명이 끝난 뒤에 아버지가 대학의 학장이 되었을 무렵 아버지의 말을 이해할 수 있었다. 아버지가 처음 제안한 것은 과학 전공 학생들에게 인문학을 공부시키고, 인문학 전공 학생들에게는 과학을 배우게 하는 것이었다. 홍위병들은 세상과 역사에 대한 이해가 없었기 때문에 모든 것을 파괴했다. 요즘에는 선과 악에 대해 이야기한다. 나는 악이 무지와 힘이 만났을 때 나타난다고 생각한다.

이렇게 집을 뒤지는 것은 시작에 불과했다. 홍위병들이 계속 우리 집에 들이닥쳤다. 새로운 사람들은 대부분 고등학생이었다. 폭력적이었고 혁명과 관련 없는 책도 전부 불태웠다. 문화대혁명 동안 우리 가족들이 내린 결정은 상당히 독특했다. 홍위병들이 문을 두드리면, 불을 끄고 열어주지 않았다. 많은 홍위병들이 창가를 지나고 문을 두들렸지만 함부로 들어오지는 않았다. 내 생각에 그들은 진정한 혁명가들은 아니었다.

나는 오랜 시간, 문 두들기는 소리를 들으며 가장 아름다운 생각을 가진 사람들이 쓴 책들 사이에 앉아 있었다. 이백, 공자, 노자, 장자, 아인슈타인, 그리고 셰익스피어까지……. 이 책을 지키기 위해 많은 위험을 무릅썼다. 집을 수색하는 일은 몇 주가 지나자 멈췄지만 문화대혁명은 10년 이상 계속되었다. 학교는 문을 닫았고 많은 책들은 금서가 되었다. 다행히 우리 책들은 살아남았고 이를 통해 세상과 소통할 수 있었다. 우리 가족은 고독한 싸움으로 문화대혁명과 싸워 이겼다. 중국의 가장 암흑기 동안에 나는 과학, 문학, 역사 책 속에서 평온을 느끼고 영감을 얻었다. 이 책은 내가 세상과 소통하는 데 있어 가장 튼튼한 기반이 되었다.

지금도 나는 도서관에서 책 속에서 읽고 연구하고 글 쓰는 것이 좋다. 마치 만리장성의 엄호 속에서 세상의 의미 없는 온갖 소음에서 벗어나는 것처럼 말이다. 가끔 책을 무릎 위에 두고 신비한 우주와 나를 연결하거나 지평선을 바라보며 하늘과 땅 사이에 무엇이 있다는 듯 창밖을 보곤 한다. (나는 이것을 생각이라고 하지만 아내는 이것을 시간 낭비라고 한다.) 나는 침묵이 지배하고 문 두들기는 소리가 들리지 않는 배움의 안식 속에 있는 것을 좋아한다.

그러나 오늘, 특히 9월 11일의 사건 이후 여러분에게 하나를 충

고하고자 한다. 안전을 당연시 여기지 말아야 한다. 어떠한 문화도
재난으로부터 안전하지 못하다. 이 세상과 연결이 끊어지도록 자신
을 내버려 둔다면 아마 홍위병의 사나운 문 두드리는 소리를 듣게
될 것이다.

2003년 9월 11일

아름다움을 위해 죽은
하이즈(海子)를 기억하며

하이즈(海子, 1964-1989)[85]는 1979년 개혁개방 이후에 등장한 중국의 '후기 신시(新詩)' 그룹의 영원한 별이다. 그는 두 번이나 세계를 놀라게 했다. 하나는 열다섯 살에 명문 베이징대학에 입학한 것이고, 두 번째는 스물다섯 살에 기찻길 위에 누워 자살했다는 것이다. 이 두 사건 사이에 그는 수많은 시와 산문으로 큰 족적을 남겼다.

하이즈는 생전에는 내 친구가 아니었지만 죽음 이후 내 친구가 되었다. 하이즈의 절친한 친구인 시추안(Xi Chuan)이 쓴 '하이즈의 죽음에 대해'에 따르면 그는 네 권의 책을 들고 기찻길로 향했다고 한다. 성경, 소로우(Thoreau)의 『월든(Walden)』, 헤위에르달(Thor Heyerdahl)의 『콘티키(Kon-Tiki): 뗏목으로 태평양을 건너다』, 그리고 조지프 콘래드(Joseph Conrad)의 소설이 그것이다. 하이즈가 다른 세상으로 가져간 마지막 책들의 제목을 보자마자 나는 슬프면서도 영광이라고 생각했다. 왜냐하면 내가 『콘래드의 소설들』을 편집하고 공동번역했고 그 서문을 썼기 때문이다. 1982년 미국으로 떠나기 전, 원고를 출판사에 넘겼지만 이후 출판 소식은 듣지 못했던 터였다. 나는 번역가나 작가가 받을 수 있는 가장 감동적인 피드백을 받았다. 하이즈는 나에게는 이방인이 아니다. 나는 그렇게 진실하고 여정을 함께 할 동료가 있었는지 알지 못했다. 우리는 함께 마음속의 어둠을 뚫고 태풍을 헤쳐 그곳으로 갔다. 모두 장소의 아름다움을 좋아했다. 나는 그곳을 떠났지만, 그는 그곳에 영원히 남기로 했다.

하이즈는 몇몇 선구자들이 의무의 경계에서 세상을 떠나듯이 아름다움의 경계에서 세상을 떠났다. 아름다움이 우리를 대하는 방식은 의무가 우리를 대하는 방식과는 다르다. 후퍼(Ellen Sturgis Hooper, 1816-1841)의 시에서는 의무와 아름다움의 관계를 다음과 같이 쓰고 있다.

나는 잠들었고, 삶이 아름다움이라고 꿈꾸었다
나는 깨어났고, 삶은 인생이라는 걸 발견했다
그 꿈은 과연 그림자와도 같은 거짓일까
고역 끝에, 불쌍한 마음이여, 멈추지 않듯이
그리고 그 꿈속에서 찾을 수 있을 것이다
진실과 당신을 위한 한낮의 빛을

의무는 명령하지만 아름다움은 영감을 준다. 아름다움은 자유이며 의무는 구속이다. 그러나 아름다움과 우리의 관계는 우리 자신과 의무 사이의 관계와 같다. 우리는 의무의 명령을 거절하듯이 아름다움을 거절할 수 있다. 의무도 아름다움과 같이 처벌받지 않는다. 하이즈는 의무를 아름다움의 이름으로 퇴짜를 놓았다. 그는 아름다움을 위해 그의 인생이라는 가장 높은 가치를 치렀다.

하이즈는 돈키호테와 같은 영웅이다. 세상을 등지면서 그의 생각을 시험했으며 정신적 자유를 위해 육신을 희생하며 마무리했다. 그는 메시아가 말하는 천국, 소로우의 월든 호수, 헤위에르달의 뗏목, 그리고 콘래드의 바다라는 이국적 심상들로 중국을 바꿀 수 있다고 믿었다. 그는 돈키호테처럼 장렬하게 실패할 운명이었다. 이 모험을 찾아다니는 중국인 기사(騎士)는 자신이 만들어낸 감옥의 창살에서 탈출했다. 그는 타국이나 중국 그 어디에도 속하지 않았다. 항해술을 배우지 않은 상태에서 정신적 오디세이에 집중했다. 바다를 사랑했지만 헤엄칠 줄 모르는 것이었다. 땅을 사랑했으나 자전거를 탈 수 없었다. 삶을 사랑했지만 그 삶을 이어나갈 수 없었다. 아름다움을 사랑했고 그만의 독특하고 독창적인 단어와 리듬의 세계를 창조하는 데 성공했다. 이런 맥락에서 그는 승리자였다.

하이즈는 영국 캔터베리의 세인트 토마스 교회에 있는 콘래드의 무덤 비석에 적혀진 묘비명을 분명히 읽었을 것이다. 나는 이를 번역해『콘래드의 소설들』의 서문에 인용하기도 했다.

수고가 끝난 후의 수면
폭풍우 치는 바다를 항해한 후의 항구
전쟁이 끝난 후의 안락
삶 다음의 죽음은 기쁨을 주는 것이다

나는 스펜서(George John Spencer)의 시가 하이즈의 죽음을 불러
온 것이 아니라고 믿고 있지만, 영원한 안식을 찾기 위한 그의 욕망
은 확인할 수 있었다. 다른 사람들이 진실을 위해 자신의 목숨을 바
치듯 그는 아름다움을 위해 죽기로 결심했다. 하이즈의 묘비명은 디
킨슨(Emily Dickinson)의 시와도 같다.

나는 아름다움을 위해 죽었다.
그러나 무덤에 적응하자마자
진리를 위해 죽은 자가
옆방에 누워 있었다.

그는 조용히 "왜 실패했소"라고 물었다.
"아름다움 때문에"라고 나는 대답했다.
"나는 진리를 위해서요. 그 둘은 하나니 우린 형제요" 라고 그가 말했다.

그래서 밤에 만난 친척처럼

우리는 방을 사이에 두고 얘기했다.

이끼가 우리의 입술까지 다다르고

우리의 이름을 덮어버릴 때까지

또는 도연명(陶淵明)의 「애도」와도 같다.

당신이 죽음에 대해 무엇을 이야기할 수 있는가.

산과 함께 육신을 알아보라.

또는 조금 더 적절한, 하이즈 자신의 시 「봄, 열 명의 하이즈」일 수도 있다.

봄, 열 명의 하이즈가 부활했다.

밝은 곳에서

그들은 이 야만적이고 슬픈 하이즈를 조롱한다.

왜 죽은 듯이 긴 잠을 자는가.

봄, 열 명의 하이즈가 숨이 차오르게 분노한다.

그들은 나와 너 사이에서 춤을 추고 노래를 부른다.

눈물이 검은 머리를 부스스하게 하고 너의 위를 달리다 날아간다.

먼지 한 줌과 섞인다.

쪼개져 열리며 느끼는 고통이 대자연에 스며든다.

봄날, 야만적이고 슬픔이 가득한 하이즈가 있다.

이것이 가장 마지막으로 남은 하이즈이다.

어두운 밤의 아이, 겨울에 스며들어 죽음에 중독되어 있다.

그는 그 자신을 도울 수 없고 텅 비어버린 추운 마을을 사랑한다.

곡식이 가득 쌓여 창문을 가로막고 있다.

그들은 옥수수의 반을 가족을 반년 동안 먹이는 데 쓴다.

그들은 나머지 남은 옥수수를 농사에 쓴다. 그들의 번식을 위해

강한 바람이 동쪽부터 서쪽까지, 북쪽부터 남쪽까지 휩쓴다.

어두운 밤과 새벽에 눈이 먼 당신이 말하는 새벽의 의미는 무엇인가.

하이즈는 그가 말한 그대로 행했고 만리장성 인근, 산이 바다를 만나는 곳에서 죽었다. 그의 죽음은 거대하고 낭만적인 그의 열정에 대한 선언이자 헌신, 믿음이었다. 사람들은 그가 자신의 시에서 울부짖던 것이 어떤 것인지 그가 산과 바다로 돌아왔을 때 알았다. 시는 시작과 끝의 문에 숨어, 문이 열릴 때 무엇이 보이는 지 추측할 수 있는 여지를 남겨주었다. 하이즈의 시는 눈 위에 남긴 거위 발자국처럼 인생의 족적을 남겼다. 이제 문을 열고 우리의 영원한 별이 보일 수 있게 하자.

무엇보다 나를 늘 응원해준 가족들에게 고맙다는 말을 전하고 싶다. 문화, 문학, 그리고 인생의 철학을 과학적 접근방법을 통해 가르쳐주신 부모님께 감사하다. 유머 감각을 갖춘 내 아버지이자 물리학 교수인 자오징위안(Zhao Jingyuan)은 중국 전통에 대한 사랑과 이를 현대의 삶에 적용하는 방법을 알려주셨다. 또한 아버지와 함께 물리학 교수인 어머니, 왕수시안(Wang Shuxian)은 중국의 전통 시를 사랑하고 종종 직접 작시를 하기도 했다. 어머니가 돌아가시기 몇 달 전, 이 책 속에 담긴 생각과 삽화에 대해 이야기 했었다. 내 글을 편집하고 실무적인 도움을 준 즈밍(Zhiming), 그리고 지금의 내 생각을 더 넓은 독자들에게 알릴 수 있게 응원해준 치정(Qizheng), 내가 이야기를 하는 동안 그림을 그릴 수 있게 가르쳐준 치다(Qida)에게도 감사의 인사를 전한다.

이 프로젝트를 위해 재정적으로나 학문적으로 도움을 준 칼턴대학에도 감사의 말을 전한다. 아름다운 캠퍼스의 호수와 숲 속에서 많은 생각을 할 수 있게 도와준 교수와 직원, 그리고 학생들 덕분에 말하고 쓰고 생각하는 데 최적의 평화로운 환경 속에 있을 수 있었다. 학생들의 적극적 참여와 지지에도 감사의 인사를 보내고 싶다. 지난 몇 년간 '도가적 방식의 건강과 장수: 태극권과 다른 형태들'이라는 수업을 들었던 학생들은 참으로 총명했고 캠퍼스에서 태극권을 선보이기도 했다. 커만(Sophie Kerman)은 필요한 물품을 정리했고 테일러(Jessica Taylor)는 책의 편집과 삽화를 스캔해 주었다. 저스틴(Kaitlin Justin), 캐프리(Jane Caffrey), 그리고 정주(Zheng Zhu)는 내가 마지막 원고를 끝낼 수 있도록 도와주었고 조언도 아끼지 않았다.

웨이스 박사(Dr. Andrew Weis)는 내 글을 적극적으로 지지해주었고 도가사상에 대한 아이디어를 공유했으며, 원고를 세심하게 읽은 후 의미있는 스토리와 제안도 해주었다. 마지막으로 초고를 읽고 충고를 아끼지 않았던 래슬리(Roger Lasley), 동료로서 지속적으로 도움을 주었던 홍정(Hong Zeng) 교수에게도 감사의 인사를 전한다.

이 책에 제시된 많은 견해는 2007년 상하이 텔레비전에서 노자에 관한 토크쇼에 출현했을 때 언급되었다. 이 토크쇼 시리즈에 나를 추천해준 푸단대학 치엔원종(Qian Wenzhong) 교수를 비롯해 프로듀서 위용진(Yu Yongjin), 아나운서 진보(Jin Bo) 그리고 상하이 텔레

비전의 샤닝(Xia Ning) 덕분에 이 토크쇼는 수백만 명의 시청자들에게 선보일 수 있었다. 여기에서 도와주고 영감을 주었던 사람 모두를 기억하고 적는 것은 불가능하다. 모두에게 진심으로 감사한다는 말을 전한다.

지난해 나의 친동생인 이 책의 저자 자오치광(趙啟光) 교수가 자신의
67세 생일날 불행하게도 미국 마이애미 해변에서 바다수영 중 사고
를 당했다. 우리 가족들은 깊은 충격을 빠졌고 헤어나올 수 없을 정
도의 비통한 슬픔에 빠졌다. 그 와중에 나에게는 동생의 유작(遺作)인
이 책을 다시 꺼내 읽는 것이 고통으로부터 벗어나는 데 도움이 되었
다. 그리고 이 유작을 친구들에게도 보내주었다. 이 책이 나에게 큰
위안이 되었듯이, 내 친구들도 자오치광 교수의 사상이 알려져 그의
죽음과 함께 사라져서는 안 된다고 나를 위로했다.

한국에 있는 지인 가운데 내가 가장 먼저 떠올렸던 사람은 이희
옥 교수였다. 이 교수는 이미 내가 쓴『중국은 어떻게 세계와 소통하
는가(公共外交與跨文化交流)』를 한국어로 출판한 적이 있었다. 책 출판

을 계기로 한국 학자들과 공공외교에 대해 폭넓게 교류할 수 있었고, 중국 공공외교의 이념을 보급하겠다는 결심을 북돋아주었다. 그러나 이 교수에게 이 책을 보낼 때는 감히 번역을 요청할 수 있는 상황은 아니었다. 그러나 이 교수는 얼마 안 되어 이 책의 한국어판 출판을 준비하고 있다고 알려주었고, 이렇게 실제로 한국어판을 펴내게 되었다. 나는 진심으로 깊은 감동을 받았다. 이 교수가 내게 보내온 편지 속에서 동생의 도가사상에 대해 깊이 이해했고, 이 사상이 널리 퍼져야 한다는 생각을 갖고 있다는 사실도 알게 되었다. 나는 이 교수와 내 동생 사이에 이미 학문뿐만 아니라 마음으로 소통을 쌓아가고 있다고 생각했다. 이러한 마음의 소통은 바로 공공외교의 가장 중요한 정신이다. 두 사람을 제때 서로 알게 하지 못했다는 것이 나에겐 큰 아쉬움으로 남지만, 이들은 이미 오랜 친구가 되었을 것이라고 감히 상상해 본다.

여러 해 동안 나는 이희옥 교수와 여러 차례 만났다. 그 때마다 우리는 오늘날 공공외교에 대해 일치된 생각을 갖고 있단 사실을 발견했다. 즉 전통적이고 협의의 공공외교를 넘어 정부, 기업, 민간조직 그리고 모든 국민이 개개인이 주체가 되고, 다른 국가와 소통해야 한다는 넓은 의미의 공공외교를 만들어가야 한다는 사실이다. 이렇게 된다면, 네트워킹 시대에 공공외교가 굳건한 토대 속에서 서로 다른 국가의 국민과 친근함을 촉진하고 더 나아가 국가 관계를 개선하며 경제 글로벌화의 요청에 부응할 수 있을 것이다.

무위무불위

이희옥 교수는 중국에서 높은 명성을 지닌 학자이다. 이 교수가 소속된 성균관대학교 성균중국연구소는 이미 중국연구에서 큰 성과를 내고 있으며 상당한 국제적 영향력을 가지고 있다. 나는 이 교수가 소장으로 있는 성균중국연구소가 또 다른 중요한 사명을 갖고 있다는 것도 잘 알고 있다. 그것은 바로 새로운 세대의 한국의 '중국통(中國通)'을 배양하는 일이다. 이 번역 작업에 참여한 강애리 양도 새로운 학문 세대의 출중한 학생 중 한 사람이라고 생각한다.

자오치광 교수는 생전에 나와 많은 생각을 주고받았다. "오늘날 과학 기술과 물질 생산은 급속하고 맹렬하게 발전했고 사람들의 물질생활도 크게 높아졌다. 그러나 선진국과 개발도상국의 국민들은 물질생활을 과도하게 향유하고 있으나 부지불식간에 정신의 터전을 잃어버린 채, 형언할 수 없는 초조함과 불안감에 빠져들고 있다. 행복한 인생이란 도대체 무엇인가. 그 해답은 자신에게 지나치게 많은 목표를 두지 않는 것이다. 이러한 목표는 자신에게도 고통스럽고 완전히 목표를 실현할 수도 없다. 자연과 현실에 순응하고, 마음에 순응하며 하고 싶은 것을 하는 것(有所作爲)이야말로 가능한 성취를 실현할 수 있다. 이것이 건강하고 즐거운 생활 아니겠는가. 이것은 바로 도가의 시조인 노자가 주창한 것이 아니겠는가. 무위(無爲)와 무불위(無不爲) 사이의 정확한 선택이야말로 인생의 안정과 행복의 기초가 된다."

자오치광은 단순한 철학 용어를 사용해 해석하는 것보다 생활에

밀접한 사례나 이야기를 통해 미국 학생들이 도가사상을 보다 현실 적으로 이해할 수 있도록 도와주는 것이 효과적이라고 생각했다. 이 런 점에서 이 책은 많은 노자 관련 책들과 다르다. 또한 이 책은 전 체적으로 비교문화의 관점을 취하고 있다. 즉 고금(古今)문화를 종 적으로, 그리고 동서 문화를 횡적으로 비교하고 있으며, 철학이념과 현실생활의 융합도 시도하고 있다. 이것은 허(虛)와 실(實)을 비교하 는 것이기도 하다.

이 책의 초판은 2009년 미국에서 출판된 영문판이다. 이후 2013 년 중국의 하이툰(海豚)출판사가 영문판을 기초로 『자오치광 작품시 리즈』 10권을 중국에서 출판해 중국 독자들의 환영을 받았다. 특히 영어권 관점에서 중국의 전통문화에 대한 새로운 시각을 가지고 있 었기 때문에 중국 독자들도 많은 생각을 할 수 있게 해주었다.

중국과 한국 두 나라는 모두 유가 문화권에 속하고, 상호 문화교 류 역사도 유구하다. 더욱이 20세기 전반 비슷한 역사적 경험을 겪 었기 때문에 양국 국민의 깊은 친근감이 있다. 이런 점에서 다른 국 가의 문화교류와 비교해 볼 때, 중국과 한국의 인식의 장애는 그렇 게 크지 않다. 최근 한류(韓流)와 한풍(漢風)의 유행은 다른 나라들이 부러워하는 빛나는 독특한 현상이다. 문화는 민족의 영혼이고 중국 과 한국의 문화가 이처럼 친근하다면 중국과 한국 간에 극복하지 못 할 장애가 있겠는가. 나는 중국과 한국의 우호관계의 아름다운 미래 에 대해 믿음으로 가득 차 있다. 이 한국어판이 한국 독자들의 환영을 받기를 바란다.

자오치정(趙啓正)

전) 전국정치협상회의 외시위원회 주임

전) 국무원 신문판공실 주임

전) 중국공산당 중앙위원회 위원

전) 푸둥신구공작위원외 당서기 겸 관리위원회 주임

현) 중국경제사회이사회 부주석

我的胞弟赵昌光于前年正好他的67岁生日时不幸在美国迈阿密海泳时遇难。沉重打击使亲人们陷入深切的悲痛中难以自拔，我则以复读他的遗著为一种解脱，并将他的遗著送给我的友人，友人惠存不仅能对我有很大的籍慰，更使他的思想流传，而不会随他而消逝。

韩国友人当中，我首先想到的无疑就是李熙玉教授了。李教授曾经选中我的《公共外交与跨文化交流》成了韩文出版，并由此促成我与韩国学者就公共外交进行了更广泛的交流，这也是对我在中国推动公共外交理念普及的决心的一种鼓励。我在向李教授奉赠赵昌光的《无为无不为》时，我并没有冒昧地提出翻译的请求，而他不久之前告诉我，已经将《无为无不为》翻译成韩语，即将在韩国出版，令我非常感动。他在给我的信件中说，他理解了赵昌光教授对道家思想的深入理解及实践，也感受到了他想要将这种思想分享给世界的心情。

我觉得，李教授与胞弟启光之间已经搭建了一种不仅是学术的，也是心灵的沟通。这种心灵上的沟通也即公共外交最重要的精神，而我没有能够推动他们及时相识是我的一大遗憾，可以想象他们会成为一见如故的朋友。

多年来，我和李熙玉教授在多种场合有所交集。我们对当代公共外交的理解是一致的，即应当超出传统的狭义概念，应将公共外交理解为政府、企业、民间组织，以及所有国民个体都应成为主体，承担与其他国家与国民沟通任务的广义概念。唯有如此，在互联网时代公共外交才有强大的力量促进不同国家之间的人民相亲，进而改善国家关系，响应经济全球化的呼唤。

李熙玉教授在中国也是享有盛名的。他所在的韩国成均馆大学和他领导的成均馆中国研究所，在儒学和中国问题研究上硕果累累，有相当大的国际影响力。我知道李教授的研究所还有另一项重要使命，即培养新生代的韩国"中国通"，参加翻译这本书的姜崖利同学就是这新生代的一位佼佼者。

赵启光教授生前经常和我阐述这样的观点：今天，科学技术和物质生产获得了突飞猛进的发展，极大地提高了人的物质生活，但是，一些人，尤其是在经济发达的和日益发达的国家，在过度地享受物质生活时，却在不觉中失去了精神家园，陷入了莫名的焦躁不安。何谓幸福人生？其实答案就是不要总企图给自己规定过多的目标——这样不仅对自己是苛刻的，而且目标也不可能全都实现。顺应自然，顺应现实，顺应内心而有所作为，实现有可能的成就，不就能健康快乐地生活着吗！这也就是在道家始祖老子所倡导的，在无为和无不为之间正确地选择，这就是人生安定幸福的基点。

赵启光认为，用贴近生活的故事帮助美国年轻的学子们更多地理解道家思想，比单纯地用哲学语言去解释更为有效。此书不同于众多其他关于老子的图书的特色在于，全书体现着比较文化的意识——包括古今文化的纵向比较、东西文化的横向比较，加之哲理和现实生活的融合，这也可认为是一种虚与实的比较。

此书的最早版本是2009年在美国出版的英文版，中国的海豚出版社把它列入"赵启光作品系列"（共10种），在2013年出版了中译本，受到了中国读者的欢迎。究其原因，就是此书表达了从英语语境看中国传统文化的崭新视角，这样对中国读者来说会有更多的思考余地。

中韩两国同属儒家文化圈，相互文化交流源远流长，加之二十世纪前半叶的相似历史遭遇，两国人民之间有显然的亲近感。和多数国家的文化交流相比，中韩跨文化认知的障碍较少。在近年韩流和汉风的流行，是令其他国家钦羡不已的一个大放异彩的独特现象。文化是民族的灵魂，中韩文化如此亲近，中韩之间还有什么障碍不会被克服吗？我对中韩友好关系的美好前景充满着信心！

我期望韩语版能得到韩国读者的喜欢。

赵启正 2017年5月

무위무불위

2009년 무렵 한국국제교류재단은 한국의 공공외교에 관한 새로운 문제의식으로 본격적인 프로젝트를 시작했고, 이러한 노력의 결실이 2010년 한국공공외교포럼 출범으로 이어졌다. 당시 한국국제교류재단의 김태환(현 국립외교원 교수) 박사를 중심으로 이근(서울대), 한인택(제주평화연구원), 인남식(국립외교원), 그리고 역자 등이 국제정치와 공공외교, 소프트파워와 공공외교, 문화외교와 공공외교를 비롯해 각국의 공공외교의 추진상황을 소개하면서 힘을 보탰다. 당시 한국학계는 공공외교의 개념부터 논의해야 할 정도로 연구와 정책기반이 모두 취약했다. 그러나 외교부 문화외교국이 적극적으로 움직이기 시작했고 국제정치에서 소프트파워의 중요성이 크게 부각되었으며 때마침 '한류'가 해외에서 큰 인기를 얻으면서 우리 외교도 이러한 문제의식에 주목하기 시작했다.

'한 알의 불씨가 광야를 태울 수 있다'는 말처럼 공공외교가 학문과 정책 전반에 빠르게 확산되었고 한국 외교부는 2010년을 공공외교의 원년으로 선포하기도 했다. 이후 공공외교를 전문적으로 다루는 외교부 공공외교정책과가 신설되었고 공공외교대사가 공식직제로 편입되었다. 2016년 8월에는 국회에서 '공공외교법'이 정식으로 공표되면서 공공외교가 제도화, 법제화의 단계로 진입했다. 대학에서도 공공외교센터가 설립되거나, 양자간, 다자간 공공외교포럼이 선도프로그램(pilot program)으로 시작되는 등 확대되고 있다.

역자는 이 과정에서 중국 공공외교의 역사와 현황 등을 집중적으로 연구하기 시작했고, 학계와 논의하기 위해 체계적인 학술논문으로 발전시키기도 했다. 또한 한중 공공외교, 한중일 공공외교 포럼 등에서 관련 주제를 발표하면서 국제적으로도 소통해왔다. 이 과정에서 중국의 많은 공공외교 연구자와 실천가를 만나 이들과 학문적 우애를 쌓았다. 나아가 역자가 소장으로 있는 성균중국연구소는 지린대학 공공외교학원과 함께 한중 최초로 '한중공공외교연구센터'를 설치하여, 그 일환으로 한중공공외교연구포럼을 매년 서울과 창춘을 오가며 개최하고 있다. 이런 점에서 역자도 나름대로 한중 양국의 공공외교의 이론과 실천에 참여한 보람과 이에 대한 소명의식도 가지게 되었다.

그러나 역자의 머릿속에 있는 공공외교의 개념은 크게 거창한 것은 아니었다. 다시 말해 어느 국가가 다른 국가의 국민들의 마음 (hearts and mind)을 얻는 것이고, 이를 한중관계에 적용하여 양국 모두 상대방 국민들에게 서로 '끌림이 있는' 국가로 만드는 것이다. 오히려 문제는 공공외교의 내용을 채우는 것이다. 아무런 콘텐츠나 '매력'도 없이 단순히 공공외교의 이름으로 국가 정책을 포장하는 것은 선전과 홍보에 지나지 않기 때문이다. 따라서 공공외교는 일방적이 아니라 쌍방향적이어야 하고, 홍보를 위해 과장된 것이 아니라 진정함과 소박함을 담아야 하며, 체감할 수 있고 지속가능한 것이어야 한다. 즉, 공공외교는 어느 국가가 다른 국민들을 대상으로 삼는 좁은 개념이 아니라, 정부와 민간 그리고 국민 개개인이 모든 주체가 되어 다른 국가와 국민들과 소통하는 넓은 개념으로 이해할 필요가 있다. "국민이 외교관"인 오늘날의 시대는 더욱더 그러하다.

역자는 중국에서 공공외교가 발전하는 과정을 지켜보면서 중국 내에서 출판되는 관련된 책과 잡지 그리고 자료를 꼼꼼하게 찾아 읽었다. 시간이 갈수록 그 내용이 풍부해지고 논의 수준도 깊어졌으며, 중국 정부차원에서도 공공외교에 대한 중요성을 강조하고 이에 대한 정책투자도 늘려나갔다. 대학마다 공공외교센터가 만들어졌고 공공외교 관련 정기간행물이 출간되었으며 정부와 민간에서 다양한 공공외교학회도 속속 설립되었다. 'Public Diplomacy'가 공중(公衆)외교, 대중(大衆)외교, 공공(公共)외교인가라는 개념논쟁 단계를 훌쩍 뛰어넘어 공공외교가 이론과 정책 모두 본격화되는 새로운 단계로 진입했다. 무엇보다 역자가 발견한 또 하나의 행운은 중국공공외교의 대부인 '자오치정(趙啓正)'이라는 이름이었다. 그가 쓴 글을 읽으면서 공공외교에 대한 풍부한 식견과 지혜 그리고 사람과 사물을 대하는 태도에 깊은 감명을 받았다. 자오치정 선생은 핵물리학도 출신으로 과학연구 분야에서만 20년을 종사했고 이후 상하이 푸둥(浦東)개발을 기획한, 오늘날 상전벽해처럼 바뀐 상하이 발전의 산증인이었다. 무엇보다 그의 문명(文名)을 알린 것은 2005년부터 국무원 신문판공실 주임으로 중국 정부의 '입'이었을 때부터였다. 그 후에도 그는 전국정치협상회의 외사위원회 주임 등 다양한 직책으로 중국 당정의 대변인 역할을 해왔다.

사실 역자가 자오치정 주임을 만나기 전까지 머릿속에 투영되었던 그의 이미지는 근엄하고 논리적이며 엄격한 고위관료였다. 그러나 그를 만나자마자 이러한 편견은 그 자리에서 깨졌다. 동네 할아버지를 연상시키는 따뜻함과 다른 사람에 대한 배려 그리고 발언하는 말의 무게와 국제관계를 보는 넓은 시야는 역자를 단번에 사로잡았다. 연만한 나이에도 불구하고 작은 노트북에 현장 분위기를 반영해 강의 내용을 수정하고 다른 사람들의 생각을 메모하는 진지한 모습을 보면서 경청(傾聽)이 그의 몸에 배어 있음을 느낄 수 있었다. 그 후 역자는 한국국제교류재단이 기획한 '공공외교 번역총서' 시리즈의 일환으로 『중국은 어떻게 세계와 소통하는가(公共外交與跨文化交流)』를 직접 번역할 기회가 있었다. 이 책은 중국의 공공외교의 역사, 이론 그리고 실천을 체계적으로 정리하고 있고, '외국인에게 비타민C가 아닌 사과를 주어야 한다'는 그의 공공외교의 철학은 물론이고 동서와 고금을 아우르는 지혜와 지식이 없으면 담을 수 없는 공공외교의 대한 통찰력이 깊게 투영되어 있었다. 역자는 2012년 여름 서울을 방문한 자오치정 주임에게 이 번역서를 선물로 올렸을 때, 어린 아이처럼 좋아하던 모습이 눈에 선하다. 다른 어떤 선물보다 자신의 공공외교에 대한 생각과 철학이 한국에게도 소통된다는 것에 대한 것 때문이 아니었을까 생각해 보았다. 이후에도 역자는 다양한 국제적 공공외교 포럼을 계기로 자오 주임을 만났고 이메일을 통해 공공외교에 대한 진화하고 있는 그의 생각과 말 그리고 행동을 배울 수 있었다.

그러던 차에 2016년 여름 자오치정 주임으로부터 긴 메일 한 통을 받았다. 안부편지였지만 미국 미네소타 주의 칼턴대학 중국학 교수이자 저명한 노자 연구자인 동생 자오치광 교수가 바다수영을 하던 중 사망했다는 소식이 포함되어 있었다. 그리고 자오치정 주임은 인천대학 이호철 교수를 통해 그의 동생이 쓴 여러 권의 책을 보내왔다. 옮긴이는 이 책을 통해 동생을 생각하는 형의 깊은 마음과 형을 생각하는 동생의 마음을 동시에 느낄 수 있었다. 따뜻한 형제애, 그리고 언제나 동생에게 인생의 언덕이었던 자오 주임의 넉넉한 마음도 생각했다. 그 형에 그 동생이라는 말(難兄難弟)이 전혀 어색하지 않았다. 역자는 자오 주임이 보내온 여러 책을 함께 읽었다. 이 중에서도 이 책은 칼턴대학의 가장 인기 있던 수업인 '도가적 방식의 사유'라는 강의에 기초한 책이었다. 이 책은 일상생활에서 도가의 사상, 그리고 어떻게 살 것인가 하는 지혜가 가득했고, 무엇보다 자오치광 교수가 얼마나 학생을 사랑한 진정한 사표(師表)였던가를 떠올릴 수 있었다. 벽안(碧眼)의 학생들을 이끌고 만리장성에서 태극권을 선보일 때, 즐거워하고 흐뭇해하는 그의 모습을 상상해 보았다.

자오치정과 자오치광 형제는 저명한 부부 물리학자 슬하에서 격동의 중국현대사를 몸소 체험하며 살았다. 그 시절의 이야기도 이 책의 곳곳에 묻어 있다. 더구나 자오치광 교수가 이 책이 마무리될 무렵 두 형제의 언덕이었고 자상하고 인생의 길잡이었던 어머니를 잃었고, 이어 자오치정 주임도 창졸간에 동생을 잃었으니 이 얼마나 애통한 일인가. 조선조 정래교(鄭來僑)가 먼저 죽은 아우를 그리워하며 쓴 시를 떠올렸다.

내 장차 너를 의지하고 남은 생애 보내려 했는데
너는 죽고 나는 시들어 온갖 병이 감쌌네.
인간 세상 즐거움을 마음에 두지 않아
술집이건 시 짓는 모임이건 멍하니 보낸다네.
吾將依汝送餘年
汝沒吾衰百病纏
忽忽不知人世樂

酒墟詩社摠茫然

　동생을 먼저 잃은 형의 슬픔을 '어깨를 끊어내는 아픔(割半之痛)'이라고 한다. 역자도 자오 주임이 가진 상실감을 어렴풋하게 이해할 수 있을 것 같았다. 이 책의 필자인 자오치광 교수도 형과의 우정, 자신에 대한 무한한 신뢰, 그리고 자신의 생각을 국제적으로 소통해 왔던 형과의 따뜻한 기억을 추억하고 있다. 역자도 훌륭한 교육자와 유능한 실업인이었던 두 동생을 연달아 잃고 한동안 식음을 멀리하던 가친의 모습을 기억하고 있다. 지금도 집안 제사일이면 망구(望九)의 연세에도 두 동생에 대한 그리움으로 한동안 자리에서 일어서지 못하는 가친의 모습을 통해 자오 주임도 그러한 심정이 아닐까 생각해 보았다. 아마도 자오 주임은 말하지 않았지만, 동생에 대한 각별한 사랑, 그리고 동생의 생각을 이국(異國)의 벗들에게 전하고 싶었을 마음이 있었을 것이다. 다행히 역자는 중국어를 읽고 그의미를 새길 수 있었다.

　책을 읽고난 이후 동생의 삶과 사상을 보내주려는 형의 지극한 사랑을 내 방식대로 더 많은 한국의 독자들에게 소개하고 싶었다. 역자는 이것이야말로 공공외교의 정신이라고 믿었다. 특히 이 책은 단순히 자오 주임과의 인연 때문에 옮긴 것이 아니라 인생을 어떻게 사는 것인가에 대한 큰 울림이 있었기 때문이다. 특히 이미 영어, 일본어, 중국어로 번역되어 출판되었을 정도로 많은 사랑을 받았기 때문에 한국 독자들과도 함께 공유하고 싶기도 했다.

　이 책의 처음부터 끝까지 관통하는 질문은 '아무것도 하지 않는 무위(無爲)'와 '무엇이든 하는 무불위(無不爲)'의 일견 모순된 주장의 변증법적 결합이다. 무위가 의도적으로 무엇인가를 하지 않고 자연의 법칙을 따르는 것이라면, 무불위는 자연스럽게 일이 일어나도록 하는 좋은 습관을 만들어 가는 과정이라고 할 수 있다. 이렇게 보면 아무것도 하지 않으면 모든 것이 잘 해결될 것이다. 행복한 세상을 원한다면 스스로 행복해져보자고 제안하고, 현대세계의 경쟁과 적자생존 속에서 원래의 마음으로 돌아갈 것을 제시하고 있다. 자오 교수는 인생의 길은 목표보다 과정이 소중하며, 목표를 실현한 때가 가장 위험하다는 것을 강조한다. 사실 나쁜 습관을 들이지 않는 것이 좋은 습관을 들이는 것만큼 힘들다. 우리는 일상생활에서 배움을 통해 많은 것을 얻지만, 버리는 것이 얼마나 중요한 가를 잊고 사는 경우가 많다. 흐름에 역류하지 않고 흐름에 맡기는 순기자연(順其自然)이 필요하다는 것을 알면서도 의도적으로 외면하는 경우도 많다. 바르게 욕망하는 법을 잊어버린 현대인의 삶 한 곳을 날카롭게 파고들고 있다. 그리고 자연은 위대한 치유가라는 점을 새삼 강조하고 있다. 이렇게 보면 잠자는 시간조차도 일하기 위한 것이 아니라, 잠 잘 때 꿈을 꾸고 스트레스를 날리는 그 자체로 소중한 시간이자 공간이라는 것을 깨닫도록 독자를 인도한다.

　이러한 자오치광 교수의 철학은 가족으로부터 많은 영감을 얻었던 것 같다. 부친과 모친 모두 물리학자이자 교육자였고 그의 형인 자오치정도 물리학도에서 출발해 소통의 달인, 공공외교의 대부가 되었다. 특히 난카이대학의 학장이었던 그의 아버지는 '다른 사람들을 대하듯이 자신을 대해야 한다'고 자오 교수를 늘 일깨웠고, 자오 교수도 성실하게 이를 실천에 옮겼다. 그리고 이 책에 그러한 생각이 녹아 있다. 자오 교수는 그토록 사랑한 '물', 바다에서 아까운 생을 마감했지만, 그의 생각과 철학은 중국 내외의 독자들로부터 오래 기억될 것이다.

이 책을 놓지 못하는 이유는 일상에 깃든 평범한 생활과 자연의 원리 속에서 쉽게 풀어내고 있기 때문이다. 자오 교수는 인생의 행복, 삶과 죽음, 아름다움, 돌아감 등 33개의 항목으로 풀어냈다. 동서와 고금을 오가는 탁월한 비유, 일상에서 일어나는 생생한 에피소드를 통해 설명하고 여기에 직접 그린 삽화를 함께 넣어 일반 독자들이 이해하기 쉽도록 배려했다. 도가의 그윽하고 지극한 세계로 안내하겠다는 그의 따뜻함이 엿보이는 부분이다. 이런 점에서 이 책은 권력과 욕망 그리고 끝없는 목표의식을 향해 뒤를 돌아보지 않고 돌진하는 정치인이나 기업가들 심지어 문명(文名)을 추구하는 학자들에게도 자연에 어긋난 거친 호흡을 가다듬을 것을 권고하고 있다. 과유불급(過猶不及)의 지혜를 가르치고 성공과 아름다움의 갈림길에서 아름다움을 택하라고 제안하며 어떤 포부가 있든 높은 탑은 꼭대기부터 쌓을 수 없고 심지어 세상의 모든 괴로움을 짊어지고 자책하는 사람들에게 세상에서 일어난 일들은 그들의 책임이 아니라고 위로하기도 한다. 이 책의 말미에는 두 개의 부록이 실려 있다. 하나는 어린 시절 겪은 문화대혁명의 암흑 속에서 자신을 발견했던 기억이고, 또 하나는 베이징대학의 천재시인 하이즈에 얽힌 내용을 추억하는 글이다. 이 부록은 자오치광 교수 개인의 기억이지만, 이 책 전편을 타고 흐르는 흐름과 깊은 관련이 있다.

역자는 이 책을 번역하면서 스스로에게 많은 위로가 되었고, 햇볕 따뜻한 오월 어느 날 자오치광 교수를 만나 인생의 이야기를 듣는 것같이 행복했다. 사회과학의 엄밀한 이론을 벗어나 인문학과의 대화, 통섭의 세계로 넘나들 수 있었고 어느새 딱딱한 사회과학이 광활한 인문학의 공간 속에서 한없이 부드러워지는 것을 느낄 수 있었다. 이러한 짜릿한 경험을 독자들과 함께하고 싶었다. 또한 이것은 동생을 먼저 보낸 자오치정 주임에게 보내는 역자의 소박한 위로이자 헌사(獻辭)이기도 했다. 이 책을 번역한 후, 자오치정 주임의 편안한 미소와 아이처럼 즐거워하는 모습을 떠올리면서 나도 흐뭇했다. 어질다(仁)는 것이 다른 사람의 아름다움을 이루게 하는(成人之美)라는 것을 어렴풋하게 기억해 두었다. 참 좋았다.

사실 자오치정 주임은 일찍이 "번역은 문화의 다리"라고 설파했고 "새로운 공공외교의 새로운 세대"를 양성해야 한다고 강조해왔다. 이런 차원에서 제자들과 함께 이를 번역하는 것도 공공외교의 실천이라는 점에서 큰 의미가 있겠다 싶었다. 이 책을 함께 번역한 강애리 양은 성균관대 정치외교학과의 학부와 대학원에 이르기까지 역자가 담당한 과목을 모두 이수한 제자이다. 이미 한중일 캠퍼스 아시아(CAMPUS ASIA) 국비장학생으로 파견되어 자오치정 주임이 일했던 인민대학에 유학한 경험도 있고, 영어와 중국어 모두 능한 재원이다. 이 책의 번역 취지를 말하고 번역을 제의했을 때, 두말없이 따라나섰다. 강애리 양과 함께 자오치정 주임의 영문본과 중문본을 일일이 대조했고, 본문에 나온 노자와 장자의 고전들은 기존의 정리된 번역서를 참조하면서 번역의 완성도를 높이고자 했다. 그리고 역자의 지도로 중국문화정책으로 박사학위를 받은 고영희 박사는 능통한 중국어와 고전과 현대를 넘나드는 해박한 지식으로 처음부터 끝까지 번역된 문장을 읽고 고쳤다.

역자는 이 글을 처음부터 끝까지 다시 읽으면서 윤문했고 장거리 해외출장길에 원문과 일일이 대조하면서 두 번에 걸친 번역 초고를 오랫동안 다듬고 숙성했다. 제자들보다 좀 더 오래 세상에 나온 '선생'의 자격으로 번역을 읽기 쉽게 고쳤고, 중문과 영문의 비유를 선택과 삭제를 통해 번역의 일관성을 유지하고자 했다. 또한 한중 공공외교가 배출한 재원인 위완잉(于婉瑩) 양은 이 책의 한국어판 추천사와 역자의 말을 수려한 중국어로 바꾸었다.

역자가 중국을 공부하고 중국인과 교류하면서 느낀 '중국관'은 오래된 술(陳酒)과 같다는 것이다. 처음에 마음을 잘 드러내지 않아도 시간이 가면 이심전심(以心傳心)으로 소통하고 '믿음(信)'을 몸에

익힌 사람들이다. 그러나 우리는 단기간의 거래만 생각하면서 "중국인은 그렇다"고 생각한다. 이와는 달리 "길이 멀어야 말의 힘을 알 수 있고 시간이 지나야 사람의 마음을 알 수 있다(路遙知馬力 日久見人心)"는 말이 있다. 역자는 간혹 중국 유학생을 집으로 초대해 설날과 추석을 보내거나 동네 식당에서 내자(內子)와 함께 밥을 먹기도 한다. 국적과 국경을 넘어 한 가족으로 밥을 나누는 식구(食口)가 되고, 해외 친구의 벗들과 희로내락을 함께하는 교류가 강물처럼 넘칠 때, 내교(內交)는 외교가 되면서 한중 공공외교의 꽃이 필 것이다.

바야흐로 공공외교의 시대이다. 한중 양국이 공공외교의 경쟁을 넘어 마음을 내주고 마음을 받아들이며 지역의 공동체를 위해 함께 살아갈 수 있는 지혜를 발휘할 때이다. "국제관계도 인간관계의 연장에 다름 아니다." 삼가 자오치광 교수의 명복을 빌며 그의 삶과 철학이 강물처럼 흐를 수 있기를 바란다. 또한, 자오치정 주임에게도 따뜻한 위로가 되길 바란다.

그러나 이 책을 기획하고 번역하는 과정에서 나온 모든 책임과 오류는 이 책을 기획하고 번역을 지휘한 나에게 있다. 노자의 『도덕경』의 번역은 성균관대학교 출판부의 『노자를 이렇게 읽었다』를 참고했으며, 이 외 『장자』, 『논어』, 『맹자』, 『역경(주역)』, 와 이백(李白, 701-762)과 가도(賈島, 779-843) 등 원문의 번역은 사단법인 전통문화연구회의 '동양고전 종합DB'를 참조하여 진행했다. 오랜 전통과 명성을 지닌 성균관대학교 출판부의 노력으로 이 책이 세상에 나온다.

무위무불위

독자 여러분의 아낌없는 질정을 바란다.

공동 번역자를 대신해

초불확실성 시대의 봄, 오덕헌(五德軒)에서

이희옥 씀

2009年前后，韩国国际交流财团对韩国公共外交有了新的想法，并以此为基础开始了计划项目，在一番努力下，2010年韩国公共外交论坛启动了。当时以金泰焕(现任国立外交院教授)博士为核心，包括李根(首尔大学)、韩仁泽(济州和平研究院)、印南植（国立外交院），以及译者等人为介绍国际政治与公共外交、软实力与公共外交、文化外交与公共外交，以及各国公共外交推行情况增添了一臂之力。当时，韩国学界在公共外交领域的研究与政策基础都非常薄弱，以至于需要从公共外交的概念开始谈起。但是外交部文化外交局开始积极行动，随着软实力在国际政治中也日渐重要，恰巧"韩流"在海外掀起热潮，韩国外交也开始关注公共外交。

"星星之火，可以燎原"，公共外交迅速扩散到了学术与政策领域。韩国外交部将2010年指定为公共外交元年。此后，还在外交部设立了专门负责公共外交的公共外交政策科，公共外交大使也进入了正式编制。2016年8月，国会正式公布了《公共外交法》，公共外交进入了制度化、法制化的阶段。高校也开始设立公共外交研究中心，双边、多边公共外交论坛作为试点项目开展，公共外交从此如同雨后春笋一般扩大开来。

译者在这一过程中集中研究了中国公共外交的历史与现状，为了与学界探讨，还将此发展为有体系的学术论文。并在诸多韩中公共外交、韩中日公共外交论坛中发表了相关主题，还在国际上进行了沟通。在此期间，译者见到了许多中国的公共外交专家与实践家，与他们积累下了学术上的友谊。译者担任所长的成均中国研究所与吉林大学公共外交学院首次在韩中两国共同设立了"韩中公共外交研究中心"，作为中心的活动之一，每年在首尔与长春轮流举办韩中公共外交研究论坛。因此，译者对能够参与到公共外交理论与实践而深感自豪，也由此产生了一种使命感。

但在译者脑海中的公共外交的概念其实并不那么雄伟。通常把某一个国家获取其他国家国民民心称作公共外交，如果将此应用于韩中关系，也就是让两国互相成为在对方国民心中具有"吸引力"的国家。关键是如何去充实公共外交的内容。因为没有任何内容或是魅力，而仅仅以公共外交之名来包装国家政策，那也只不过是一种宣传。所以，公共外交应该是双向的，而不是单方面的；应该包含真诚与朴实，而非为了宣传而夸张；最重要的是能够体验和可以持续开展的。

所以，并不是以某个国家以其他国家的国民为对象的狭义概念来理解公共外交，应将公共外交理解为政府、民间，以及所有国民个体都应成为主体，并与其他国家与国民沟通的广义概念。"国民即外交官"在今天这个时代更是如此。

译者一直观察着中国公共外交发展的过程，还认真发现和阅读了中国出版的有关书籍、杂志与资料。随着时间的推移，其内容越来越丰富，讨论也越来越有深度，中国还在政府层面强调了公共外交的重要性，对公共外交的政策投资也在加大。大学都纷纷设立公共外交中心，出版有关公共外交的期刊，政府与民间也纷纷设立各种公共外交学会。Public Diplomacy已经越过了是公众外交还是大众外交，抑或是公共外交这一概念之争的阶段，在理论与政策上全都正式进入了新的阶段。译者还幸运地发现了赵启正这个名字，他是中国公共外交之父。我在阅读他的文章的时候，对他在公共外交上的丰富的见识、智慧，以及对待事物的态度深有感触。赵启正主任最初以核物理学为专业，仅在科学领域就工作了20年，后来他参与策划浦东开发，见证了上海翻天覆地的变化。他的闻名始于2005年在国务院新闻办公室担任主任，成为中国政府的"发言人"。此后，他也曾担任政协外事委员会主任，以多种身份扮演着中国党政发言人的角色。

其实，在亲眼见到赵启正主人之前，他在我的印象中是一位严肃、逻辑性强，而且严格的高层干部。但是，当我见到他那一刻，这些偏见就立刻消散全无了。他有一种街坊老爷爷一般的亲切与对他人的关怀，他稳重的发言与观察国际关系的视野立即吸引了我的注意。尽管年事已高，但却考虑到现场气氛，不断修改发言内容，在小本子上记录下他人的想法，他的这种认真的态度让我感觉到倾听已经成为他深入他骨子里的习惯。在此之后，译者有机会亲身翻译韩国国际交流财团企划的"公共外交翻译丛书"中的《公共外交与跨文化交流》。这本书中系统地概括了中国公共外交的历史、理论与实践。若是没有"给外国人苹果好过给维生素片"的公共外交哲学，以及融通古今中外的智慧与知识，是不会有这种在公共外交上的洞察力的。译者通过两个月的集中翻译，在2012年夏天赵启正主任访问韩国时，将此作为礼物送给了他，当时他如同小孩子般欣喜的样子仍历历在目。我想可能因为相比其他的礼物，他更希望自己对公共外交的想法与哲学能够介绍到韩国。此后，译者也在各种国际公共外交论坛多次见到赵主任，并通过邮件学习到他在公共外交领域不断进化的想法、话语，以及实践。

但就在2016年译者收到了一封来自赵启正主任的长文邮件。赵启正主任在邮件中表达了问候，但是信中还提到在明尼苏达州卡尔顿学院担任中国学教授的著名老子研究学者，即他的胞弟赵启光先生不幸在美国迈阿密海泳时遇难。赵启正主任还托仁川大学的李镐铁教授将赵启光先生的几本著作转交给译者。译者在这本书中既感受到了兄弟之间的惦念之情，不禁联想到温暖的兄弟之情，以及作为弟弟人生中如山一般存在的赵主任宽厚的胸怀，用"难兄难弟"来概括一点都不为过。译者轮番阅读了赵主任所赠书籍，其中一本是以在卡尔顿学院最具人气的一门课"道家思维"为基础撰写的。这本书中满载日常生活中的道家思想，以及如何生活的智慧，更能让人联想到他是一位多么关爱学生的真正的师表。我脑海中还想象着他带领金发碧眼的学生在长城展示太极拳时怡然自得的样子。

赵启正主任与赵启光先生兄弟两人的父母是著名的物理学家，他们亲身经历了激荡的中国现代史。这本书中还处处可以发现当时的故事。在这本书即将完稿之际，作为两兄弟人生中的依靠、人生中的灯塔的母亲去世了，短短的时间里，赵启正主任在失去了母亲之后，又失去胞弟，多么令人痛心。这让译者想起了朝鲜时代的诗人郑来侨悼念先逝的胞弟所作的诗：

"吾将依汝送余年，汝没吾衰百病缠。忽忽不知人世乐，酒庐诗社总茫然。"

我们常把失去弟弟或妹妹的痛苦称作"割半之痛"。译者也隐约理解赵主任失去亲人的悲痛。赵启光教授也在书中回忆了兄弟之情与赵启正主任对自己无限的信任，以及与在国际上介绍自己想法的兄长的温暖记忆。译者也还记得父亲先后失去两位弟弟的情形，他们一位是教育家，一位是非常有能力的实业家，当时父亲有很长一段时间都茶饭不思。父亲已经到了望久之年，可是每逢祭祀，父亲都因为思念胞弟久久不愿离席，赵主任也何尝不是这种心情。虽然赵主任从未表达，但译者认为赵主任应该会希望向异国的朋友传达他对胞弟的关爱与胞弟的想法。恰好译者可以读懂中文，并铭记书中的含义，但是译者也希望以本人的方式让更多的韩国读者了解到赵主任作为兄长对胞弟无微不至的关怀，以及他所传递的赵启光教授的思想，译者相信这才是公共外交的精神。译者并不是因为与赵主任之间的缘分而翻译此书，而是因为通过这本书对如何生活产生了巨大的共鸣。这本书已经被翻译成了英文、日文、中文版，受到了热烈的欢迎，所以译者也非常希望与韩国的读者分享这本书。

贯穿本书全文的问题是"无为无不为"这一对似乎互相矛盾的主张的辩证统一。如果说无为是不主动去做什么，遵循自然的规律；那么无不为就是养成顺其自然的好习惯的过程。如此说来，无为可以成就万事。他提出，如果想要拥有一个幸福的世界，那么就顺其自然，在现代社会的竞争与适者生存中找回初心。赵教授认为，在人生中过程比目标更珍贵，强调实现目标的那一刻最为危险。其实改掉坏习惯如同养成好习惯一样不易。我们在日常生活中通过学习获得许多，但往往忽略抛弃是多么重要。也往往知道不应逆水行舟，应顺势而行，但却故意视而不见。他尖锐地指出了忘记应适当地心怀欲望的现代人的生活。他还再三强调自然是伟大的治愈大师，他还引导大家领悟睡觉并不是为了工作，进入睡眠做梦或是消除压力本身也是非常重要的时间与空间。

赵启光教授的哲学似乎从家庭中得到了不少灵感。他的父亲与母亲都是物理学家与教育家，他的兄长赵启正先生也以物理学为起点成为沟通的达人与公共外交大家。尤其，曾担任南开大学校长的父亲经常提醒他"待人如己"。赵教授也非常认真地将此运用于实践之中，这本书中也融入了这种思想。赵教授意外被卷入了他如此热爱的"水"流之中，不幸离世，但是他的思想与哲学会被中外读者长久铭记。

这本书让译者爱不释手的原因是，他善于在渗透于日常的平凡生活与自然原理中轻松地找出答案。赵教授以人生的幸福、生与死、美等33个章节进行了阐述。他运用了古今中外适当的比喻、日常生活中生动的小插曲进行了讲解，他还亲自画了许多插图，便于普通读者的理解。这可以看出他引导大家进入道家深邃至诚的世界的热心。所以，这本书劝告那些为追求权力与欲望等目标向前奔跑却不回头看的政客与企业家，以及追求名誉的学者应重新调整违背自然的急促的呼吸。他还解释了过犹不及的智慧；建议在通往成功和美的岔路口上选择美；不论有多大的抱负，高塔都无法从塔顶开始搭起；还安慰背负世界上所有痛苦而自责的人们，这世界上发生的事情并非他们的责任。这本书的最后还有两个附录。其一是在年少时期经历的文化大革命的黑暗中发现自我的记忆，其二是回忆北京大学天才诗人海子自杀相关内容的文章。虽然这个附录是赵启光教授个人的回忆，但与这本书全文的文脉有着深远的联系。

译者在翻译这本书的过程中，也得到了许多慰藉，如同在阳光明媚的五月的某一天与赵启光教授面对面畅谈人生故事，感到非常幸福。超越社会科学严密的理论，往来于与人文学的对话、通涉的对话，突然间感到枯燥的社会科学在广阔的人文学空间里变得无限温和。译者希望能与韩国读者分享这种心动的体验。此外，这也是送给失去胞弟的赵启正主任的淳朴的慰藉和献辞。在翻译完这本书后，想到赵启正主任安详的微笑与孩童般的欣喜，我也感到非常满足。他还让我依稀记得仁就是成人之美，真是受益良多。

赵启正主任很早就道破"翻译是文化的桥梁"，强调应培养"新公共外交的新一代"。所以，译者认为与学生一起翻译也是实践公共外交的过程，是非常有意义的。与译者共同翻译这本书的姜崖利同学从成均馆大学政治外交系读本科起直到硕士期间，选修了我讲授的所有课程。她曾被选入"亚洲校园"作为政府奖学生派往赵启正主任工作过的中国人民大学留学，是一名精通英语与汉语的学生。当译者提到翻译这本书的意义，并提议翻译的时候，她欣然自告奋勇。姜崖利同学详细对照了这本书的中英文版，文中引用的《老子》与《庄子》内容的部分参考了已经出版的优秀韩文译本，提高了翻译的完成度。在译者指导下以中国文化政策为研究方向取得博士学位的高英姬博士精通汉语，又具备横贯古今的渊博知识，她阅读了译文全文并进行了修改。译者从头至尾阅读后进行了润色，在长途出差的旅途中一一对照了原文，细细推敲了经过两次修改的译文，并以年长于学生的"老师"的身份进行了修改，以便更易于理解与阅读，在此之上又对中英文的比喻进行了筛选，意在保持翻译的一致性。此外，韩中公共外交培养出的于婉莹同学把这本书的序言翻译成了精微简练的中文。

译者在对中国进行学习，以及与中国人交流的过程中体会到的"中国观"如同陈酒。他们起初并不祖露心声，但会随着时间的推移以心传心地沟通，是熟谙于"信"的人。但我们却仅考虑短期的往来与利益的冲突，认为"中国人就是如此"。译者却认为"路遥知马力，日久见人心"，所以偶尔邀请中国留学生到家里一起国春节或是中秋节，还在家附近的餐厅和爱人一起和这些学生们吃饭。这样，我们可以超越国界成为家族，成为一起分享饭菜的一家人。当与海外的朋友分享喜怒哀乐的交流如滔滔江水，内交也会成为外交而开出韩中公共外交之花。

　　正当公共外交的时代，也正是韩中两国跨越公共外交竞争，跨越国境将心比心地交流，为地区共同体发挥共同生存的智慧之时。"国际关系即人际关系的延伸"。愿赵昌光教授安详，希望他的人生与哲学如同江水般源远流长，也希望赵昌正主任能够借此得到慰藉。在企划翻译这本书的过程中出现的所有责任与错误都归于负责企划和翻译的译者。此外，在具有悠久历史和美誉的成均馆大学出版部的努力下这一译本才得以出版，望各位读者雅正。

代表共同翻译的人们

极不确定的时代 春 五德轩

李熙玉

1 Ellen M. Chen, Tao Te Ching: A New Translation with Commentary (Saint Paul: Paragon House Publisher, 1989)

2 "學而時習之, 不亦說乎? 有朋自遠方來, 不亦樂乎 人不知而不慍, 不亦君子乎"『논어』제1 학이(學而)편 1

3 "絶學無憂 唯之與阿 相去幾何 善之與惡 相去何若 人之所畏 不可不畏 荒兮其未央哉 "『도덕경』20장

4 "治大國若烹小鮮"『도덕경』60장

5 "禍兮福之所倚, 福兮禍之所伏"『도덕경』58장

6 "是以聖人處無爲之事, 行不言之敎, 萬物作焉而不辭, 生而不有, 爲而不恃, 功成而弗居, 夫唯弗居, 是以不去"『도덕경』2장

7 "爲學日益, 爲道日損. 損之又損, 以至於無爲. 無爲而無不爲. 取天下, 常以無事. 及其有事, 不足以取天下"『도덕경』48장

8 "爲無爲 事無事 味無味 大小多少 報怨以德 圖難於其易 爲大於其細 天下難事 必作於易 天下大事 必作於細"『도덕경』63장

9 태양 정도의 질량이 지구 정도의 크기에 모여 있는 밀도가 매우 높은 밀집성(密集星)을 말한다.

10 "道常無爲而無不爲 侯王若能守之 萬物將自化 化而欲作 吾將鎭之以無名之樸 無名之樸 夫亦將無欲 不欲以靜 天下將自定"『도덕경』37장

11 "爲學日益, 爲道日損. 損之又損, 以至於無爲. 無爲而無不爲. 取天下, 常以無事. 及其有事, 不足以取天下"『도덕경』48장

12 "萬物負陰而抱陽, 沖氣以爲和"『도덕경』42장

13 『장자』제20편 산목(山木) 제1장

14 『장자』제17편 추수(秋水) 제1장

15 『장자』제6편 대종사(大宗師) 제1장

16 "反者 道之動 弱者 道之用 天下萬物生於有 有生於無" 『도덕경』 40장

17 "將欲翕之 必固張之 將欲弱之 必固强之 將欲廢之 必固興之" 『도덕경』 36장

18 "道可道 非常道 名可名 非常名 無名 天地之始 有名 萬物之母" 『도덕경』 1장

19 "道 沖而用之 或不盈 淵兮 似萬物之宗 挫其銳 解其紛 和其光 同其塵 湛兮 似或存 吾不知誰之子 象帝
之先" 『도덕경』 4장

20 "三十輻共一轂 當其無 有車之用 埏埴以爲器 當其無 有器之用 鑿戶牖以爲室 當其無 有室之用 故有之以
爲利 無之以爲用" 『도덕경』 11장

21 "上善若水 水善利萬物而不爭 處衆人之所惡 故幾於道" 『도덕경』 8장

22 "天下莫柔弱於水而攻堅强者 莫之能勝 以其無以易之 弱之勝强 柔之勝剛 天下莫不知 莫能行 是以聖
人云 受國之垢是謂社稷主 受國不祥是謂天下 王 正言若反" 『도덕경』 78장

23 "希言自然 故飄風不終朝 驟雨不終日 孰爲此者 天地 天地尙不能久 而況於人乎" 『도덕경』 23장

24 "爲學日益 爲道日損 損之又損 以至於無爲 無爲而無不爲 取天下 常以無事 及其有事 不足以取天下"
『도덕경』 48장

25 賈島, "尋隱者不遇 松下問童子 言師采药去 只住此山中 云深不知处"

26 "味無味 大小多少" 『도덕경』 63장

27 『장자』 제1편 소요유(逍遙遊) 제3장

28 "五色令人目盲 五音令人耳聾 五味令人口爽 馳騁田獵 令人心發狂 難得之貨 令人行妨" 『도덕경』 12장

29 "爲道日損" 『도덕경』 48장

30 "天之道 其猶張弓與 高者抑之 下者擧之 有餘者損之 不足者補之 天之道 損有餘而補不足 人之道則不
然 損不足以奉有餘" 『도덕경』 77장

31 "持而盈之 不如其已" 『도덕경』 9장

32 셰익스피어 『맥베스』 2막 2장

33 "載營魄抱一 能無離乎 專氣致柔 能嬰兒乎" 『도덕경』 10장

34 "吾善養吾浩然之氣 " 『맹자』, 공손추장구(公孫丑章句) 상편 2절

35 "知 不知 上 不知 知 病 夫唯病病 是以不病 聖人不病 以其病病 是以不病" 『도덕경』 71장

36 "知之爲知之, 不知爲不知. 是知也" 『논어』 제2 위정(爲政)편 17

37 "絶學無憂 唯之與阿 相去幾何 善之與惡 相去何若 人之所畏 不可不畏 荒兮其未央哉 衆人熙熙 如亨太
牢 如春登臺 我獨泊兮其未兆 如嬰兒之未孩 儽儽兮 兮若無所歸" 『도덕경』 20장

38 "五色令人目盲 五音令人耳聾 五味令人口爽 馳騁田獵 令人心發狂 難得之貨 令人行妨 是以聖人 爲腹
不爲目 故去彼取此" 『도덕경』 12장

39 은나라 탕왕이 7년 동안 큰 가뭄이 계속되자 기우제를 지내던 곳이다.

40 요임금 때의 노래

41 포정해우(庖丁解牛),『장자』제3편 양생주(養生主) 2장

42 『장자』제32편 열어구(列禦寇) 1장

43 "上士聞道 勤而行之 中士聞道 若存若亡 下士聞道 大笑之 不笑 不足以爲道"『도덕경』41장

44 "以正治國 以奇用兵 以無事取天下"『도덕경』57장

45 "其安易持 其未兆易謀 其脆易泮 其微易散 爲之於未有 治之於未亂 合抱之木 生於毫末 九層之臺 起於
累土 千里之行 始於足下"『도덕경』64장

46 『장자』제33편 천하(天下) 제5장

47 "名與身孰親 身與貨孰多 得與亡孰病 是故甚愛必大費 多藏必厚亡 知足不辱 知止不殆 可以長久"『도
덕경』44장

48 "名與身孰親 身與貨孰多 得與亡孰病 是故甚愛必大費 多藏必厚亡 知足不辱 知止不殆 可以長久"『도
덕경』44장

49 "故物 或損之而益 或益之而損"『도덕경』42장

50 『장자』제2편 제물론(齊物論) 제3장

51 『논어』제7 술이(述而)편 13

52 "天下皆知美之爲美 斯惡已"『도덕경』제2장

53 『장자』제6편 대종사(大宗師) 제3장

54 『장자』제6편 대종사(大宗師) 제3장

55 『논어』제17 양화(陽貨)편 25

56 "道生一 一生二 二生三 三生萬物 萬物負陰而抱陽 沖氣以爲和"『도덕경』42장

57 "牝常以靜勝牡 以靜爲下"『도덕경』61장

58 중국 주(周)나라 시대 관리가 입던 검은색 관복

59 중국 은(殷)나라 때부터 쓰던 관(冠)의 하나

60 고대 국가에서 제사를 진행하기 위해 임시로 뽑는 벼슬

61 중국 산둥(山東)성 중남부에 있는 현

62 기우제를 지내는 제단

63 『논어』제11 선진(先進)편 25

64 "民之從事 常於幾成而敗之"『도덕경』64장

65 "Oh! I have slipped the surly bonds of Earth : Put out my hand and touched the Face of God."

66 천근(天根)은 가공의 인물이다.

67 『장자』 제7편 응제왕(應帝王) 제3장

68 "善行無轍迹" 『도덕경』 제27장

69 "上善若水 水善利萬物而不爭 處衆人之所惡 故幾於道" 『도덕경』 8장

70 "易有太極, 是生兩儀. 兩儀生四象, 四象生八卦" 『역경(주역)』 계사상전 제11장

71 "天理之行 始於足下" 『도덕경』 제64장

72 "天下莫柔弱於水而攻堅强者 莫之能勝 以其無以易之 弱之勝强 柔之勝剛 天下莫不知 莫能行 是以聖
人云 受國之垢是謂社稷主 受國不祥是謂天下 王正言若反" 『도덕경』 78장

73 "禍兮福之所倚 福兮禍之所伏" 『도덕경』 58장

74 『장자』 제17편 추수(秋水) 제8장

75 "致虛極 守靜篤 萬物竝作 吾以觀復 夫物芸芸 各復歸其根 歸根曰靜 是謂復命" 『도덕경』 16장

76 "上善若水 水善利萬物而不爭 處衆人之所惡 故幾於道" 『도덕경』 8장

77 "餘食贅行, 物或惡之 , 故有道者不處" 『도덕경』 24장

78 『장자』 제32편 열어구(列禦寇)의 원문은 "飽食而放遊, 汎若不繫之舟(배불리 먹고 마음대로 노니면
서 둥둥 얽매임 없이 떠다니는 배와 같다)"이다. 장자는 "재주 있는 자는 수고롭고 지식이 있는 자
는 근심이 많거니와 오히려 무능한 자(자연과 더불어 성인과 같은 자)는 밖으로 추구할 것이 없는
지라 배불리 먹고 마음대로 놀면서 둥둥 얽매임 없이 떠다니는 배와 같이 스스로를 비우고 자유로
이 노니는 사람이다"라고 했다. (역자 주)

79 "上善若水" 『도덕경』 8장

80 "動而愈出" 『도덕경』 5장

81 "人法地 , 地法天 , 天发道 , 道法自然" 『도덕경』 25장

82 "天長地久. 天地所以能長且久者, 以其不自生, 故能長生. 是以聖人後其身而身先," 『도덕경』 7장

83 "人之生也柔弱, 其死也堅强. 萬物草木之生也柔脆, 其死也枯槁. 故堅强者死之徒, 柔弱者生之徒. 是以
兵强則不勝, 木强則兵. 强大處下, 柔弱處上." 『도덕경』 76장

84 『장자』 제18편 지락(至樂) 제2장

85 Hai Zi, An English Translation of Poems of the Contemporary Chinese Poet Hai Zi, trans. Hong
Zeng (Lewiston, New York: Edwin Melten Press, 2006)

무위무불위

無爲無不爲

1판 1쇄 인쇄 2017년 8월 25일
1판 1쇄 발행 2017년 8월 31일

지은이 | 자오치광
옮긴이 | 이희옥 · 강애리
펴낸이 | 정규상
책임편집 | 구남희
편집 | 현상철 · 신철호
마케팅 | 박정수 · 김지현

펴낸곳 | 사람의무늬 · 성균관대학교 출판부
주소 | 03063 서울특별시 종로구 성균관로 25-2
등록 | 1975년 5월 21일 제1975-9호
전화 | 02)760-1252~4 팩스 | 02)762-7452
홈페이지 | http://press.skku.edu

ISBN 979-11-5550-236-5 03100
값 15,000원

* 잘못된 책은 구입한 곳에서 교환해 드립니다.